Ivânia Backes

As Peripécias de um Carro de Mensagens ao Vivo

O Empreendedorismo Abordado de Forma Inovadora

DVS EDITORA

www.dvseditora.com.br

As Peripécias de um Carro de Mensagens ao Vivo -
O Empreendedorismo Abordado de Forma Inovadora

Consultor literário: James McSill.

Capa, Produção Gráfica e Diagramação: Konsept Design & Projetos.

Dados Internacionais de Catalogação na Publicação (CIP)
(Câmara Brasileira do Livro, SP, Brasil)

Backes, Ivânia
As peripécias de um carro de mensagens ao vivo : o empreendedorismo abordado de forma inovadora / Ivânia Backes. -- São Paulo : DVS Editora, 2014.

Bibliografia

1. Empreendedores 2. Empreendedorismo 3. Histórias de vida 4. Oliveira, Maria Ivânia Backes de 5. Risco - Administração 6. Tomada de decisão I. Título.

14-02656 CDD-658.421

Índices para catálogo sistemático:

1. Empreendedorismo : Desenvolvimento pessoal e profissional : Administração 658.421

Ivânia Backes

As Peripécias de um Carro de Mensagens ao Vivo

O Empreendedorismo Abordado de Forma Inovadora

DVS EDITORA

www.dvseditora.com.br

São Paulo, 2014

Sumário

Sumário

AGRADECIMENTO

Agradeço ao Sebrae/RS pela oportunidade de conhecer a escritora Marcia Luz que me deu incentivo e apresentando-me a esta fantástica pessoa que é meu "doctor" literário James McSill. James cuja energia e gênio organizacional contribuíram para trazer à vida este livro. Ao Sergio Mirshawka da DVS Editora que comprou a ideia e topou aceitar-me como autora. Aos meus amigos e clientes do carro de mensagens que proporcionaram este rico conteúdo.

A minha família – Gilberto meu esposo e fã incondicional cujo apoio para escrever este livro nunca faltou. Aos meus filhos amados; Roger Logan e Polon, as minhas filhas do coração (noras) Josiane, Dienifer e Nallu. Aos meus netos (Gabriel, Thais e Renato que proporcionam alegria e renovação as nossas vidas.

Enfim, a Deus e a vida.

Ivânia Backes

Prefácio

IVÂNIA, IVÂNIA!

A verdade é esta: desde que encontrei a Ivânia pela primeira vez, espantaram-me as suas histórias. Se com o tempo não as tivesse presenciado, ali, a se desenrolar frente aos meus olhos, eu juraria que se tratavam de ficção.

E Ivânia, um desses seres humanos fora do comum, sempre tira lições das histórias que vive, reinterpreta-as para que se tornem positivas, para que nos divirtam e nos inspirem.

Este livro é uma coletânea de histórias que mostram um recorte da vida profissional da Ivânia, muito antes de ter se tornado a Dra. Ivânia, muito antes de, até mesmo, pensar em ocupar cargos políticos de importância ou tornar-se a reconhecida consultora de negócios que hoje é.

A última da Ivânia foi quando nos preparávamos para publicar este livro. Ela precisou ligar com urgência dos EUA, onde se encontrava, para o meu estúdio e, sem saber lá muito inglês, do telefone do quarto de hotel, discou o número de emergência da polícia americana. Diligentemente, um grupo de policiais fez uma visita ao quarto de Ivânia na calada da noite.

Ainda vou descobrir os pormenores, pois essa historinha fará parte de outro livro ou das palestras da Ivânia. Por ora, basta dizer que, numa situação, digamos, incomum, a mensagem que esta minha amiga cheia de histórias me passava, ao vivo, pelo Facebook, era de que melhor seria *pagar mico* e resolver um problema imediato (publicar o seu livro) do que não arriscar e deixar passar uma oportunidade. "A gente sempre se desenrasca", ela me disse mais tarde.

É verdade. Com um tiquinho de coragem a gente sempre se desenrasca. Daí, eu também ser a favor de *pagar mico* e tentar do que perder uma oportunidade. O medo do desconhecido: estar em um país estrangeiro, sem falar a língua e receber, no meio da noite, um grupo de policiais no quarto do hotel deve ser assustador. Menos para a nossa heroína, pois em suas mãos, caro leitor, você tem a prova de que a filosofia de vida de Ivânia funciona: o livro foi publicado!

Divirtam-se. Sobretudo, não deixem de aprender com esta autora e amiga sensacional.

Não sabendo que era impossível, foi lá e fez...

Viva!

James McSill

James McSill é tutor,
admirador e, mais que tudo,
amigo da Ivânia.

Ambientado no litoral norte do estado do Rio Grande do Sul, este livro tem a pretensão de mostrar a relação entre risco e tomada de decisão. São situações que o empreendedor poderá enfrentar, fundamentais para o sucesso empresarial, e que guiarão os novos empreendedores na direção mais acertada ao iniciar suas atividades. Nele também relato algumas aventuras inusitadas pelas quais passei, quando resolvi iniciar um novo negócio.

No fim dos anos 1990, nosso país estava passando por um período de transição. Mudanças significativas ocorreram em todas as áreas, principalmente na economia. Essas mudanças provocaram inúmeras reações. Algumas bem desastrosas, como a falência de organizações consideradas sólidas.

Por outro lado, surgiram novos nichos de mercado. Esses nichos acabaram encontrando alternativas originais que resultaram no surgimento de grandes negócios, muitos deles nas áreas de emoção e entretenimento, por conta do uso da criatividade.

No mercado voltado à emoção destacam-se as "telemensagens" – mensagens via telefone – e os "carros de mensagens ao vivo" – que vão ao encontro do homenageado na residência, no trabalho ou onde estiver, sempre levando uma mensagem festiva.

Essa forma diferenciada de trabalho teve resposta favorável e imediata, tanto para novos empreendedores, que descobriram um farto nicho de mercado, como para consumidores, por se tratar de um serviço prático com grande apelo sentimental.

Lembrando que é em nossos sentimentos que residem ideais de transcendência como: felicidade, amor ao próximo, solidariedade e fraternidade. Entretanto, com o desenvolvimento frio e matemático do capitalismo, eles tendem a se extinguir.

Enquanto o mundo se transforma rapidamente, somente o amor fraterno permanece.

O amor que é a chave da compreensão para os mistérios da vida. Sentimento que todo ser humano possui, independente de raça, credo, origem ou condição social.

1º Episódio:

APROVEITANDO UMA OPORTUNIDADE

"As oportunidades estão ao nosso redor. É necessário estarmos atentos e preparados para aproveitá-las."

Ivânia Backes

Imagine esta cena: Uma mulher de cabelos louros esvoaçantes, maquiada, produzida, saia curta apertada e salto alto, à noite, no meio de uma avenida, correndo atrás de um cacho de balões, gritando:

– Peguem, peguem esses balões. Socorro! Meu Deus! Alguém me ajuda!

Esta situação, e muitas outras, eu vivenciei quando resolvi montar um carro de mensagens ao vivo, ou tele-mico, como alguns clientes passaram a chamá-lo. Ele originou acontecimentos inusitados que, em alguns momentos, foram estafantes, chocantes, hilários e até traumáticos. Parte desses casos, curiosos e pitorescos, ocorreu na região do litoral norte do estado do Rio Grande do Sul.

Às vezes, lutamos contra tudo e contra todos. Para não esmorecer, o importante é acreditar no que desejamos. Quando acreditamos de verdade, o universo pode conspirar para que dê certo.

Sou Maria Ivânia Backes de Oliveira, mulher tipo *mignon*, um metro e cinquenta e nove de altura, loura, olhos verdes, casada com o mesmo marido há trinta e dois anos, Gilberto de Oliveira, um coroa charmoso que me encanta com seus olhos azuis. Temos três lindos filhos loirinhos: Roger, de 28 anos, casado com Josiane; Logan, de 27 anos, casado com Dienifer; e Polon, de 25 anos, hoje casado com Nallu. Somos avós de quatro netos: Gabriel, filho de Roger e Josiane; Thais, filha de Polon e Franciele (segunda ex-nora); Renato, filho de

Polon e Nallu; Nicole, o bebê de Logan e Dienifer. Meu marido e eu moramos em Quintão, pequena praia localizada a 120 km da capital Porto Alegre. Desde 1981, ano em que nos casamos, passei a morar em definitivo neste balneário. Eu costumava, por brincadeira, compará-lo àqueles filmes de faroeste em que nas ruas, o único movimento é o vento, que empurra de um lado a outro os tufos de capim seco. Nos anos 1980, a solidão era visível devido ao pequeno número de habitantes. Se bem me lembro, não passavam de cinco os comércios existentes: dois supermercados, duas madeireiras e um posto de gasolina.

Fui morar em Quintão, distrito de Palmares do Sul, após a lua de mel, para viver ali meu amor especial. Teoricamente, a vida de casada, morando em uma praia, seria maravilhosa. No entanto, as coisas nem sempre saem como planejamos. A união de duas pessoas que mal se conhecem é um grande desafio. É essencial ter muita paciência, tolerância e vontade de fazer dar certo.

Em geral, após calorosas discussões, meu marido, Betho, e eu ficamos sem nos falar por alguns dias. Mais por ele do que por mim. Eu, em cinco minutos, já esqueci qualquer discussão e volto a conversar, tranquila, sem cara amarrada. Ele, ao contrário, é capaz de guardar mágoas por anos a fio. Acho isso uma grande bobagem. Guardar rancor ou sentimentos negativos só faz mal à pessoa que mantém esse sentimento. Quando brigamos, eu fico muito mal. Sinto um peso enorme dentro de mim. A toda hora quero agradar. Faço a sobremesa que ele gosta, falo de forma mais suave, mas não adianta. O cara fica emburrado por dias. Certa vez, ficamos mais de duas semanas sem conversar direito. Ele não parecia incomodado ou preocupado. Se estivesse, pelo menos não demonstrava.

Meu marido nunca pede perdão por nada, mesmo que faça algo errado. Ele diz que isso é para os fracos, entretanto, afirma que não tem a síndrome do gaúcho macho. Dizem que, na casa do gaúcho, o homem manda e a mulher obedece, mas ele garante que não age assim. Saliento, porém, que ele até tentou mandar em mim, eu é que não permiti. Deixei isso claro, desde o início do casamento. Eu acredito em uma união baseada em um objetivo comum, repleto de cumplicidade, respeito, trabalho e parceria. Foi assim que combinamos viver nossa vida em conjunto. Como sou de origem alemã, tenho determinados conceitos culturais que meu marido não entende. Isso ocasionou a maioria das situações conflitantes em nosso casamento.

Vim menina, do interior do estado (Morro Reutter), para morar com meus pais em Novo Hamburgo. Aos 9 anos falava somente o alemão e passei grandes dificuldades para me adaptar a esse novo mundo. Se superei diversas dificuldades quando menina, não seria agora, depois de adulta, que deixaria os obstáculos me vencerem. Morar em Quintão foi meu grande desafio. Mas foi neste local que mudei o rumo da minha vida. Sou o que chamamos de uma pessoa cem por cento impulsiva, movida a sonhos e desafios. Assim que me vem uma ideia, junto de uma sensação de certeza, entro de imediato em ação. Os resultados nem sempre são aqueles que imaginei, ou planejei. Na maioria das vezes acerto, noutras, erro feio. Acredito que sonhar, planejar, experimentar, errar e acertar faz parte de aprender a viver.

Então, numa linda e quente tarde de sol, quente como aqueles fornos de tijolos que minha avó usava para assar pães, eu, Ivânia, ou simplesmente Vânia – como era conhecida desde pequenina, estava ao telefone no escritório da nossa loja, ajustando uma situação com um fornecedor de calçados, quando:

– O que está acontecendo? Como você conseguiu mandar tantos tênis manchados? – eu disse.

– Senhora Vânia, foi uma falha no setor de distribuição. Esses tênis estavam destinados a um orfanato.

– Coitado do orfanato! – respondi. – Nem para crianças carentes esse produto serve! É a segunda vez que isso acontece comigo. Já falei para o vendedor Marcelo que sua empresa não prima pela qualidade.

– Não é bem assim, dona Vânia. Estamos melhorando. Infelizmente aconteceu de enviarem o lote errado.

– Não acredito. Acho que foi má fé. O senhor é aquele tipo de empresário à moda antiga, que, junto de grandes pedidos, envia gato por lebre. Diz "se colar, colou". Mas comigo não cola mesmo. Não adianta o preço ser bom, mas o produto ficar na prateleira da loja. Mercadoria que não "roda" ou encalha é prejuízo.

– Dona Vânia, manda de volta para nossa fábrica. Como faremos com o frete?

– O senhor ainda tem coragem de me perguntar sobre o frete? O erro foi de vocês. O mínimo a fazer é arcar com o custo de retorno da mercadoria.

Enquanto eu tamborilava os dedos na mesa do escritório e ouvia os argumentos do empresário, meu pensamento ia longe. Através da porta de vidro, eu olhava as folhagens que meu marido cultivava com carinho. Pensava em como era complicado lidar com pessoas de má índole que agiam de má fé, achando que os outros eram burros. As pontas dos dedos começaram a doer e nada do fornecedor me convencer de sua sinceridade.

Ainda ao telefone, escutando ele argumentar, continuei a refletir sobre as transformações ocorridas na sociedade moderna. Cheguei à conclusão de que tudo estava em constante mudança: vida, aparência, emoções, pensamentos, trabalho, família, amigos. Essas transformações, de vez em quando, nos pegam de surpresa. Mas, para não sermos pegos de calças curtas, necessitamos estar atentos ao nosso redor e abertos às mudanças, preparados para aproveitar as oportunidades que aparecem.

Em geral, por causa de um erro qualquer, não costumo trocar de fornecedor. Esse, porém, já havia falhado antes. Uma falha é perdoável, mas repeti-la é burrice. Não gosto de me sentir lesada. Estava irritada. Uma música alta, ecoando no escritório, esquentou ainda mais meu sangue.

Pensei: "Quem será o idiota querendo aparecer com esse som tão alto?".

Em seguida, Patrícia, ou melhor, Paty, nossa balconista, apareceu na minha frente com um sorriso radiante.

– Vânia – disse ela –, venha ver a homenagem que enviaram para você.

Ouvir, eu já estava ouvindo. O som me enlouquecia. Mas ver uma homenagem? Naquele momento eu não conseguia imaginar o que seria. Minha primeira intuição foi "Ah! Essas safadas". Minhas funcionárias estão aprontando alguma coisa.

Encerrei a conversa com o fornecedor, dando-lhe alguns dias para recolher os calçados e dar baixa nos títulos bancários.

Então, segui para a entrada da loja ouvindo a música que dizia "amigo é coisa pra se guardar no lado esquerdo do peito...". Quando alcancei a porta, notei um carro Kadet, cor cinza escuro, estacionado com a porta traseira aberta. O som vinha dos alto-falantes ali instalados. Uma pessoa que não consegui identificar estava sentada ao volante. No momento em que apareci, o volume diminuiu e uma mensagem passou a ser lida. O texto falava da importância da amizade. Do quão valoroso era poder contar com um amigo verdadeiro. As palavras tocaram meu coração. Ao mesmo tempo, minha mente fervilhava imaginando quem enviaria tal mensagem.

Olhei para dentro da loja e fiz sinal com a mão direita para as balconistas, como se dissesse "vocês me pagam". Emocionada, ouvia a leitura da homenagem.

Em dado momento, vi duas amigas paradas na calçada, do outro lado da rua. Acenavam, sorrindo. Eu acabara de descobrir as autoras da homenagem. O que se confirmou quando o carro arrancou lentamente, finalizando a mensagem: "Vânia. Por ser uma amiga guerreira, queremos desejar a você uma vida cheia de saúde com muitos motivos pra ser feliz. Uma pessoa como você, amiga, lutadora, positiva, sempre presente, com vontade de crescer e alcançar seus ideais merece tudo de bom. Desejamos que Deus lhe dê o que almeja, pois você merece. Obrigado por fazer parte de nossas vidas. Com carinho, Odete e Adriana".

Fiquei feliz e tocada com a homenagem. Observando o carro se afastar, eu senti que faltava algo. Imaginei que aquela tocante homenagem, para dar mais emoção, deveria ter um *gran finale*. Então, atravessei a rua e abracei as autoras: Odete e Adriana, mãe e filha, proprietárias de uma loja em frente à nossa.

Depois do encontro fraterno, voltei para minha loja com milhões de formiguinhas na cabeça. Pensei: "Como é bacana saber que as pessoas que gostamos sentem quando necessitamos de um gás". Meu esposo e eu estávamos passando por dificuldades financeiras. Dívida alta com o banco, títulos de fornecedores em atraso. As vendas não aconteciam como o previsto. Perguntei-me quanto minhas amigas teriam pago pela homenagem. Esse tipo de coisa, por ser algo muito especial, não tem preço. Também fiquei imaginando que trabalhar com um carro de mensagens deveria ser emocionante. Lembrei que existia algo parecido sendo apresentado na TV. Um estalo me fez lembrar que uma veranista, cliente nossa, comentou que o filho estava trabalhando com um carro de mensagens.

Imaginei que poderia montar algo semelhante, e até melhor. Adoro lidar com o lado emocional das pessoas. Descobri esse jeito quando comecei a lecionar na escola da nossa comunidade. A secretária Municipal de Educação, a psicóloga Maria da Penha Azevedo, foi minha mentora. Com ela aprendi que, ao conseguir mexer com os sentimentos de uma pessoa, somos capazes de conquistar o mundo.

"E se eu montasse um negócio como esse? Pode ser uma forma de ganhar dinheiro extra, escapando, inclusive, do aperto financeiro em que nos encontramos. Nossa, que grande ideia! Mesmo porque, o carro que me homenageou é de Porto Alegre, o que significa que trabalhará na praia somente nos meses, de janeiro e fevereiro. No fim do veraneio, voltará à sua cidade."

Mal sabia eu que passaria a sonhar, a planejar, a pensar positivamente e com determinação nesse plano. Para minha surpresa, revelei uma capacidade de adaptação e criatividade que não sabia existir em mim. Desconhecia também que esse trabalho iniciaria um processo de mudança em minha vida. Descobri ser capaz de causar um estado de encantamento nas pessoas. Fazer com que se sintam realmente especiais e importantes. Desde então, minha vida amorosa, familiar, social e profissional sofreu uma transformação radical.

Muitas vezes, em nossa vida, surgem situações que muitos julgam ser sorte. Na verdade, creio que é apenas uma combinação entre oportunidade e estar preparado. Hoje, isso me leva a afirmar que não devemos deixar passar nenhuma oportunidade que a vida nos apresenta. Pois, se a oportunidade passa diante do seu nariz e você não enxergar ou aproveitar, ela vai embora sem deixar indícios. Então, quem perde é você.

2º Episódio:

SITUAÇÃO FINANCEIRA DA FAMÍLIA

"Ou nós encontramos um caminho, ou abrimos um".

- Aníbal

Findava o mês de fevereiro. Mais uma vez, nossa empresa, terminava o verão no vermelho, por conta do nosso comprometimento com a ampliação da loja e para manter o estoque nas prateleiras. O que mais tínhamos eram boletos para pagar e saldo negativo no banco. Empreendimentos como o nosso, que se fixam no litoral da região sul do Brasil, sofrem com a sazonalidade. Somente em dois meses do ano, janeiro e fevereiro, conseguem trabalhar com capacidade máxima, nos dez meses seguintes apenas sobrevivem.

Os dias foram passando.

Minha cabeça fazia mil projetos. Eu me perguntava como conseguir dinheiro para equilibrar as contas da empresa. Pensei em abrir uma floricultura, uma agância de empregadas domésticas, mas, entre essas e outras tantas ideias, o projeto do carro de mensagens era o que mais chamava minha atenção. A meu ver, parecia ser o mais rentável e rápido para obter lucro. O serviço geralmente era cobrado à vista. No caso de dúvida quanto ao pagamento, bastava não aceitar o trabalho. Começava, então, a ter certeza do sucesso. Minha confiança fortalecia a campanha pró-aquisição do carro. Era certo que eu teria o apoio do maridão. Entretanto, assim que ele ouviu minha ideia, disse:

– Você está ficando louca? Nem pense em nos endividar mais. Já pensou quantas mensagens teria de entregar por semana ou mês para pagar o carro e ainda gerar lucro? No mínimo cinco. Aqui no Quintão? Acho bem complicado. Você já verificou quanto custa um carro de som? Por acaso, fez o levantamento do capital a ser investido?

– Estou fazendo meus cálculos – respondi.

– De onde você vai tirar o dinheiro? Esqueceu que estamos no início do inverno? No período das vacas magras? Nossa praia tem aproximadamente 3.500 moradores. Se você inventasse esse negócio no início do verão eu não me oporia, nessa época a praia passa a ter mais de 80 mil pessoas. Aí sim! Daria certo.

– Tenho uma ideia do que vou precisar. Vai dar certo sim! – retruquei.

– Não conta comigo para essa maluquice. Ninguém, neste fim de mundo, contrataria esta bobagem de carro de mensagens. Só na TV funciona. Na vida real não tem nem cabimento. Tira isso da cabeça, mulher!

Incrédula com a ferocidade do desabafo inesperado eu senti que, desta vez, não conseguiria fazê-lo mudar de opinião. Vi minha energia se esvaindo, feito gota de água em solo ressequido. Então, o desalento apossou-se de mim. As lágrimas segmentadas em minúsculas gotículas buscaram seu caminho.

Ainda chorando, entrei no quarto em direção à cama. Betho me seguiu e rapidamente se deitou. Pouco tempo depois, fui dar-lhe um beijo de boa noite. Para meu desalento, ele virou de lado, evitando o contato. Magoada com o gesto, virei a bunda para ele. Essa atitude demonstrava minha indignação com sua incompreensão e falta de apoio.

Embora nossas opiniões divergissem, não me deixei abater. Desde pequenina eu mostrava ser uma criança destemida e de caráter forte. Com apenas cinco anos, junto com parentes, vendia produtos cultivados na roça – morangos, uvas, figos e outros –, nas margens da rodovia BR116. Minha infância tinha sido bastante dura. Muito trabalho e pouca diversão. Rotina normal numa época em que a ajuda dos filhos era indispensável para a sobrevivência das famílias. Eu estava acostumada a lutar pelo que queria. Aos 12 anos de idade, eu já cuidava dos dois bebês gêmeos de uma vizinha. O trabalho custeava meus estudos.

Noite após noite, deitada em nossa cama, pela janela aberta, escutava o carro de mensagens do meu futuro concorrente trabalhando. Os fogos de artifício, usados para homenagear aniversariantes, iluminavam o céu. A luz brilhante me transmitia uma alegria contagiante que aumentava minha certeza de obter sucesso. Ademais, caso o negócio não desse certo, bastaria vender o carro. Essa não era, com certeza, minha maior preocupação. Minha dúvida era saber se deveria prosseguir com meus impulsos, ou sonhos, como afirmava o marido. Mas até que ponto conseguiria controlá-los?

Apenas uma vez, antes de nos casarmos, permiti que Betho decidisse o rumo de minha vida, quando ele não concordou que eu trabalhasse como comissária de bordo na Varig, viação aérea rio-grandense, hoje extinta. Frustração e decisão são atitudes paralelas, como duas ruas que não se encontram. Agora, com minha nova forma de pensar, não permitiria mais que ele comandasse minhas decisões.

"Já que meu marido não quer me ajudar", pensei, "encontrarei alguém para me auxiliar nesta empreitada. Falarei com minha mãe, tenho certeza de que ela não me negará apoio. Certamente me emprestará o que preciso".

– Mãe! Estou com um novo negócio em mente! Creio que dará um bom dinheiro!

– Que bom, filha. Fico feliz por você.

Tomei, então, coragem para continuar:

– É algo novo, mas o Betho não me apoia, acha que é tudo bobagem!

– Oras! Você nunca precisou da opinião dele para se decidir!

– O problema é que não tenho o valor da entrada, mãe.

– E por que não pede ao banco?

– Não posso. Meu crédito com eles já foi usado e está no limite.

– Então desista.

Senti-me chocada.

– Não vou desistir – argumentei. – Acredito que vai dar certo.

– Afinal, que negócio é esse que você quer montar?

Com calma, expliquei à minha mãe o que tinha em mente e sobre a minha certeza de que este se tratava de um projeto viável que melhoraria a minha vida. Olhando-me fixamente, ela baixou a cabeça e murmurou: – Outra maluquice da minha filha mais velha.

Ah! Como odiava quando ela me chamava de "filha mais velha". Por que ela não dizia só "minha filha"?

Contive a irritação.

– Mãe! Não é nada do outro mundo. É só um negócio.

– Guria! Você já tem a loja para cuidar, a casa, o marido e os filhos. Para que vai inventar mais afazeres?

– Mãe! Preciso de mais dinheiro. Não posso tirar nada da loja, estamos endividados.

Ela balançou a cabeça.

– E pretende se endividar ainda mais?

– Não, mãe! Pretendo melhorar minha vida.

– Você só pode estar doida, guria.

Olhei bem nos olhos dela.

– Poucas vezes pedi auxílio. Quando pedi, sempre paguei direitinho. Então, qual o problema?

Ela desviou os olhos.

– Sei que pagou, mas...

– Não sou uma doidivanas, mãe. Fiz um bom planejamento. Sei que vai dar certo.

– Se você tem certeza, por que seu marido é contra o negócio?

– Ué, porque ele é do tipo acomodado. Ao contrário de mim, não almeja grandes conquistas!

– Não sei, não! Quem sabe ele tem razão?

Olhou-me atravessado.

Assim como meu marido, minha excelentíssima mãe também acreditava que o investimento era arriscado. Mas, com minhas argumentações, acabei por conseguir a promessa de empréstimo. Ela daria o dinheiro, em troca, solicitava o aval do Betho. Não queria criar conflitos com o genro preferido.

Mesmo entusiasmada, senti que deveria convencer o Betho a concordar com o empréstimo, senão ficaria numa situação muito difícil. Expliquei sobre minha mãe repetidas vezes. Ele não concordou de cara, mas suas atitudes foram demonstrando que uma hora concordaria.

Minha intuição dizia que eu estava no caminho certo. Isso era bom porque eu não aceitaria alguém que fosse contra aos meus ideais. Também não admitiria ser contrariada, tampouco gostaria de ser chamada de desvairada por querer realizar um sonho. O ser humano tem desejos de ser estimado, aceito e valorizado. Poxa! Eu fazia de tudo para que nossa família tivesse uma vida mais confortável. O que custava a ele me incentivar.

Se não vai ajudar, pelo menos não atrapalha, diz o ditado. Na realidade, naquele momento, eu me encontrava numa sinuca de bico. Na mais bicuda da minha vida!

3º Episódio:

INVESTIGANDO O FUTURO NEGÓCIO

"Para ter um negócio de sucesso, alguém, algum dia, teve que tomar uma atitude de coragem."

(Peter Drucker)

Com o passar dos dias, de tanto eu falar neste novo negócio, sentia cada vez mais que o Betho estava a ponto de ceder. Meu marido, para quem não sabe, não é má pessoa. Ele passou por muita dificuldade quando pequeno.

Era filho único e, com apenas 14 anos, foi viver de favor na casa de parentes, junto com a mãe doente, depois que o padrasto os abandonou. Aos 15 anos, passou a morar com o padrinho Orlando, que residia no litoral, e a trabalhar no armazém da família. Esse armazém, com o tempo, cresceu e virou um supermercado. Como ele sempre trabalhou com familiares, se acomodou na vida. Tornou-se uma pessoa simples, que sempre acreditou não ter direito a sonhos, projetos e desejos. O que viesse para ele estava bom. Sua única ambição é ganhar no jogo do bicho ou na Mega Sena, embora eu seja terminantemente contra. Brigamos diversas vezes por causa de seu hábito em gastar dinheiro com isso. A questão é que não tenho fé em ganhar dinheiro por meio dos jogos de azar. Na minha crença familiar, a riqueza vem do trabalho.

Passados alguns dias, eu ainda não havia esquecido o carro de mensagens. Consegui que o maridão prometesse me auxiliar com uma pesquisa sobre o investimento.

Viajamos até Porto Alegre e conversamos com um conhecido. O rapaz trabalhava com um carro de mensagens lindo! Um modelo

Caravan, na cor preta e com adesivos chamativos com estrelas. Ele prontamente se colocou à nossa disposição para prestar todas as informações necessárias.

Segundo o empreendedor, o negócio era bem viável. Em Porto Alegre, ele conseguia realizar uma média de três homenagens por dia. Isto significava vinte e uma mensagens semanais. Num universo de mais de um milhão de habitantes esse era um saldo promissor e positivo. O jovem possuía uma equipe de assessores. Seu empreendimento estava prosperando. Sua esposa ficava ao telefone atendendo às ligações e agendando clientes. Dois auxiliares eram responsáveis pela organização dos roteiros e acessórios necessários para cada homenagem. Ele também tinha um diferencial bem interessante: fumaça de gelo seco. Isso destacava o carro dele da concorrência. Esse acessório, entretanto, estava muito além do que eu imaginava para meu carro. A instalação do sistema de gelo seco encareceria em cinco mil reais meu projeto.

Algum tempo depois, no caminho de volta à nossa casa, meu marido e eu conversamos longamente sobre o assunto. Cada um já tinha sua opinião formada, ele estava decidido a ser contra o projeto, eu, porém, acreditava cada vez mais em seu potencial. Eu visualizava unicamente o cenário positivo, ele focava apenas no negativo.

Existem três perfis de investidores em novos negócios. O perfil conservador que visualiza um cenário da forma mais pessimista possível. Evita arriscar, portanto seu lucro, em geral, é bastante previsível e pequeno. O perfil moderado, que se arrisca às vezes, porém diversifica bastante, investindo em várias possibilidades diferentes. Com isso, consegue se prevenir contra eventuais imprevistos. Ele obtém um lucro melhor e com baixo risco. Por fim, temos o perfil mais agressivo que aposta num cenário totalmente otimista. É usual que ele invista a maior parte de seu dinheiro em poucos tipos de investimento. Esse perfil de investidor tem grandes chances de fracassar, porém, quando isso não acontece, obtém grandes lucros.

Eu também acreditava que poderia lucrar muito com esse empreendimento, mesmo que fosse em um lugar remoto e pequeno como o Quintão. Meu marido, não. Ele afirmava que em Porto Alegre as chances para um negócio como esse sobreviver eram muito maiores. Chegamos a casa e, depois de colocar as crianças na cama, voltamos a discutir.

– Você não terá meu aval para uma empreitada desse porte – meu marido foi logo dizendo.

– Como não, homem?

– Nem pensar! Esse negócio não vai dar certo.

Aquilo doeu.

– Sempre que tenho uma boa ideia você é contra – argumentei. – Está na hora de mudar sua maneira de ver as coisas!

– Não é verdade, Vânia!

– Você sempre coloca água fria nos meus planos! – retruquei magoada.

– Que absurdo é esse, mulher? Está ficando maluca?

– Não estou. Com você é oito ou oitenta. Não posso mais conviver com essa situação – eu disse.

Essas palavras, proferidas em um tom de raiva, deixaram meu marido chocado. Ele passou a mão nos cabelos, num gesto nervoso e se justificou:

– Essa história de carro de mensagens está me enchendo a paciência. Se for assim, você decide: ou a loja ou esse maldito carro.

– Isso não vale!

Após a discussão, me afundei no sofá, tentando me acalmar. "Ah! Se ao menos meu marido entendesse a dimensão emocional de uma mensagem ao vivo!" Mas ele tinha razão, se eu pensasse friamente somente nos dados que coletamos, concordaria que esse era um negócio muito arriscado.

Inconformada, fiquei algum tempo a matutar. Estava ciente que deveria tomar uma decisão: "Aborto o projeto, ou arrisco sem o apoio do marido?"

– Oh! Meu Deus! E agora? De que forma vou resolver isso? – falei em voz alta.

4º Episódio:
RESPONSABILIDADE

A alegria está na luta, na tentativa,
no sofrimento envolvido e não
na vitória propriamente dita.

Mahatma Gandhi

A realização daquele sonho não saía da minha cabeça. Como minha mãe evitava falar do empréstimo, decidi agendar uma reunião com o gerente da agência bancária da minha cidade para ver se conseguia o dinheiro. Após ouvir com atenção minha explanação, ele sugeriu que eu esquecesse o projeto. Como argumento, enfatizou o meu alto endividamento com o banco. Na verdade, ele foi até indelicado ao dizer que eu não tinha condições de assumir mais um empréstimo.

– Desista dessa loucura e planeje como saldar em dia seus compromissos bancários, já que as duas últimas prestações foram pagas com atraso – enfatizou o gerente.

Saí da agência bancária com lágrimas nos olhos. Indignada, bati a porta de vidro da agência com mais força do que o normal. Devo ter assustado os clientes e funcionários que, com certeza, me consideraram uma louca. A tristeza colou em mim como "meleca tinhosa".

Fui para casa curar minhas feridas. Entrei na cozinha e, por instinto, caminhei em direção à geladeira, abri e vi uma garrafa transparente. Olhei para aquele litro de cachaça. Ele parecia dizer:

– Pegue-me e afogue suas angústias e tristezas.

Fixei o olhar no rótulo, então, lembrei-me do meu falecido pai e da vergonha que eu sentia dele. Estava sempre bêbado. Meu pai aceitou o convite da bebida e nela se perdeu.

"Não! Não quero isso para minha vida. Vou sobreviver", pensei, enquanto minha mão alcançava a jarra de água.

Passaram-se quinze dias, quando recebi uma ligação de minha mãe. Feliz, ela dizia que iria receber da família vinte e cinco mil reais como parte da venda de um lote recebido como herança, e que partilharia este valor com os quatro filhos. Cada um de nós teria direito a quatro mil reais.

Imediatamente, meu pensamento voou para meu sonho. A compra do carro de mensagens poderia se concretizar. Fui, entusiasmada, contar ao marido. Não me ocorreu que ele poderia *se* posicionar de forma diferente.

– Agora, poderemos pagar boa parte de nossas dívidas – ele retrucou.

– Nem pense que você vai botar a mão nesse dinheiro – falei.

– Como não?

– Esse dinheiro é meu. Vou fazer com ele o que eu quiser.

– Não sei, não – ele disse. – Porque acredito que terei de assinar a papelada. Somos casados com comunhão parcial de bens.

"Nossa! Como eu não tinha pensado nisso antes."

– Seja justo – esbravejei furiosa. Este é meu sonho!

– Mulher! Não seja teimosa! Seu sonho é maluco. Um investimento alto, sem garantias de retorno.

Emburrada, aguardei alguns dias, como meu marido não se manifestou, decidi ir à luta. Após um minucioso levantamento de informações e acreditando no sucesso do meu plano, tomei sozinha a decisão de comprar o carro.

Fui ao Banrisul – Banco do Estado do Rio Grande do Sul – e solicitei três talões de cheques que julguei serem suficientes para concluir a compra.

Sem contar meus planos a ninguém, tomei uma decisão: fui para Porto Alegre e peguei o dinheiro com minha mãe. Em seguida, comprei um Uno em uma revendedora de automóveis. Dei como entrada dois mil reais e financiei o restante do valor em vinte e quatro parcelas pagas com cheques pré-datados. Com os dois mil reais restantes, paguei a entrada do serviço prestado pela empresa de sonorização e negociei o saldo devedor com os seis cheques que restaram no talão da nossa conta conjunta.

– Bem, agora está feito – disse a mim mesma. – Não tem mais volta. A sorte está lançada.

5º *Episódio:*

CONCRETIZAÇÃO

A persistência realiza o impossível.

Provérbio Chinês

Após concretizar a compra no impulso, voltei para casa apreensiva. Não tinha mais a certeza de que fizera a coisa certa. Agora, tinha a difícil tarefa de comunicar minha decisão a meu esposo. Retornando de Porto Alegre, no trajeto, fui listando na minha mente as explicações que daria a ele. Mesmo sabendo que ele ficaria muito bravo, estava convicta que fizera um bom negócio, fadado ao sucesso. A grande dúvida era saber se ele me perdoaria. Amor e confiança são sentimentos únicos e caminham juntos. Com a decisão unilateral, abalaria a confiança dele.

Durante o jantar, estávamos conversando à mesa quando uma voz soou dentro de mim:

"Conte tudo a ele, você não pode continuar adiando, Vânia!"

Cheia de aflição, eu dei voltas e voltas ao redor da mesa, perguntando se ele queria algo mais. Esperei o momento em que estivesse satisfeito para tocar no assunto. Sem pensar duas vezes, falei:

– Hoje, quando fui a Porto Alegre, fechei o negócio do carro de mensagens!

– Está brincando comigo, não é?

Ele me olhava atônito.

– Não estou – respondi.

– Você não tinha o direito de decidir isso sozinha! – protestou ele.

– Tenho sim, porque acredito que vai dar tudo certo! Só você não vê o óbvio.

– Por que diabos fez isso? – Bateu com a mão na mesa. – Onde arrumou o dinheiro?

Meu rosto deve ter ficado rubro, podia sentir o sangue subir do pescoço às bochechas. Suspirei e olhei dentro dos olhos dele. Betho entendeu a mensagem.

– Foi com sua mãe, não foi?

– Sim. O dinheiro é meu.

Olhei para ele com raiva.

– Você sabia que necessitávamos desse dinheiro para pagar, primeiro, parte de nossas dívidas.

Ele balançou a cabeça em desaprovação.

– Você não tem o direito de pedir isso – retruquei. – A loja tem de se manter com "as próprias pernas".

– Eu concordo, mas esse dinheiro nos daria uma boa folga para passarmos o inverno sem percalços.

– O dinheiro é meu e faço com ele o que bem quiser!

– Seu uma ova! Somos casados com comunhão de bens. Após a oficialização da nossa união o que é meu passou a ser seu e vice-versa.

– Nesse caso, foi a minha mãe quem deu o dinheiro. Você não tem direito de exigir nada.

– Conte-me tudo sobre a burrada que você fez?

– Bem... Dei uma entrada e "pedalei" o resto.

– Quanto você deu de entrada? E as prestações? Como você vai pagar?

– Ué! Com cheques pré-datados! – respondi.

– Não acredito nisso! – Ele começou a andar de um lado a outro. – Fez o negócio sem meu consentimento e ainda usou cheques pré-datados?

– Fiz. E está feito.

– Como você pode ser tão irresponsável, mulher? E se não conseguir pagar? Não assumirei as suas prestações.

– Com você é sempre assim! Tudo que faz é pensar negativo. Nem parece o homem tão "bola pra frente" que conheci.

– Não senhora! – explodiu ele. – Foi você quem ficou muito ambiciosa! Quer fazer dinheiro com um negócio improvável e me coloca no meio, com o nosso talonário de cheques.

– No meio, não! Sou bem capaz de resolver os meus problemas, sozinha.

– Quantos cheques você deu para essa gente?

Baixei os olhos, bastante constrangida e intimidada com a raiva dele, sussurrei:

– Trinta.

– Quantos? – vociferou ele. Os músculos do rosto nem mexiam de tão contraídos.

– Trinta – repeti.

– Não acredito! Só pode ser brincadeira! Como você conseguiu os trinta cheques?

– Fui ao banco ontem. Falei com o novo gerente. Contei a ele que tinha grandes expectativas com o projeto. Mostrei que poderia até ajudar você no pagamento do crédito especial que estávamos devendo. Então, ele autorizou a retirada dos três talões.

– Não é possível. Isso não está acontecendo.

– Vai dar certo, sim! – exclamei.

– Não é possível que você tenha me colocado numa situação dessa! Você não percebe o quanto essa maluquice vai aumentar nossas dívidas. Vou cancelar o negócio!

Meu coração gelou

– Tenha calma – pedi.

– Maldito dinheiro que sua mãe arranjou! Sem ele, você não teria a chance de fechar esse negócio.

– Homem do céu! Tenha um pouco de confiança em mim. Pense que vai dar certo. Vou até poder ajudar você! – suspirei. – Pelo menos, desta vez, tente crer.

Betho balançou a cabeça, negando.

– Não! Amanhã você vai ligar e cancelar o negócio.

– Que coisa mais ridícula!

– E não demore! Se, até ao meio dia de amanhã, você não tiver desfeito o negócio, eu desfaço. E ainda registro um boletim de ocorrência, dizendo que perdi o talão de cheques. Aí sim, você vai sentir vergonha.

– Que droga!

Indignada, saí da cozinha em direção ao nosso quarto. Deitada na cama, ruminando feito vaca, pensei com os meus botões:

"Se ele fizer isso, parecerei uma estelionatária. Que humilhação! Como pode um homem inteligente, como o Betho, acreditar que este negócio não tem potencial? Com certeza, ele não valoriza os sentimentos humanos e, por isso, imagina que os outros também não valorizem."

Sentia-me lançada ao fundo de um poço escuro. Aquela noite estava sendo decisiva.

Perguntava-me o que fazer: se deveria continuar com a firme decisão de manter o negócio e correr o risco de perder o marido.

Se desistisse, violentaria meus sonhos. Não poderia deixá-lo vencer, ele perderia o respeito por mim. Nunca mais conseguiria fazer coisa alguma em que acreditasse.

Muitas vezes, o que acontece em nossa vida serve para nos ajudar a perceber coisas que são verdadeiramente importantes. Quando nos vemos cercados por problemas, sofrimentos ou tristezas, não devemos desistir. A palavra retroceder não existe em meu vocabulário. Acredito que São Tomé estava errado ao dizer que devemos "ver para crer". Ao contrário dele, entendo que primeiro devemos acreditar em nossos sonhos e no potencial que temos para concretizá-los, para só depois realizá-los. Então forma-se um ciclo completo. Crer para ver, ver para crer.

Após passar uma noite das mais terríveis, acordei com um propósito em mente. Convencer meu marido a aceitar o negócio que eu planejara com tanto empenho. Na madrugada, sem conseguir dormir, enumerei vários argumentos que poderiam, não convencer, mas sim, retirar do nosso relacionamento o péssimo clima que se instalara entre nós. Betho tinha razão em me recriminar por eu ter, sozinha, decidido comprar o carro. Por outro lado, a meu favor, eu sempre fora uma pessoa centrada e com grande capacidade para gerenciar qualquer tipo de empreendimento. Minha intuição dizia que, com esse negócio, obteríamos retorno imediato.

Assim que ele terminou a higiene matinal e estava se vestindo, fui ao banheiro. Parei bem perto dele e tentei dar-lhe um beijo. Betho se esquivou. Ficou de costas para mim e de frente para o espelho. Olhei para ele através do espelho e vi que os olhos azuis que, em geral, transmitiam alegria, agora transpassavam mágoa. Levantei a mão direita e acariciei os cabelos grisalhos dele. O danado não se mexeu. Parecia uma estátua grega. Quando ele fica desse jeito é porque está muito bravo. Senti o perigo no ar. Betho não é violento. Nada disso, ele respeita as mulheres e acredita que violência não resolve. No entanto, quando está bravo, dificilmente muda de ideia.

Parece um jegue teimoso. Então, procuro recuar e dar um tempo para ele. Entretanto, resolvi abordá-lo de forma diferente. Puxei profundamente o ar dos meus pulmões e falei:

– Eu entendo sua mágoa. Não tiro sua razão, mas quero propor um acordo.

– Sem acordo, mulher – replicou ele. – Faz o que eu disse a você ontem à noite.

– Ouça-me. Mereço ao menos dois minutos. Não acha?

– Já cansei de ouvir. Estou atrasado.

– Ok. Sei que você tem dois minutos. Minha proposta é a seguinte...

– Ah! Meu Pai do Céu. Não tem proposta – repetiu alterado. – Você só tem uma opção: desistir dessa loucura.

– Dá para ouvir o que vou dizer?

– Fala! – respondeu a contragosto.

– Proponho que você me deixe provar que estou com a razão. Dê-me, ao menos, seis meses de teste. Se eu não conseguir pagar as parcelas, devolvo o carro. Volto a trabalhar com faxina. E nunca mais pedirei dinheiro seu para qualquer gasto meu.

– Vai voltar a fazer faxina mesmo?

– Sim.

– Está bem. Quero ver – disse, já saindo do banheiro.

"Iupi!"

Mesmo a contragosto, meu marido tinha finalmente concordado. Menos mal.

1º Ano

A efetivação do negócio

O CARRO FICOU PRONTO?

No dia marcado para buscar o tão sonhado carro de mensagens, meu marido e eu resolvemos pegar um ônibus até Porto Alegre. Embarcamos em um pinga-pinga, o ônibus parava a todo o momento. Para meu desespero, a viagem parecia não terminar nunca. Quando chegamos à rodoviária, pegamos um táxi para agilizar. Eu estava com dor de estômago de tão ansiosa. Quando o táxi parou, abri a porta e saí sem esperar meu marido que pagava a corrida. Entrei e meus olhos buscaram automaticamente o Uno. Um balconista moreno, alto e de cabelos arrepiados tipo pica-pau se aproximou. Não deixei o coitado falar, já fui perguntando:

– Olá! Viemos buscar nosso carro. Está pronto?

– Só um minuto, por favor. Vou chamar o chefe da oficina. A senhora pode aguardar no sofá.

Enquanto eu esperava, o tempo parecia ter parado. Não aguentei a curiosidade. Segui até a oficina. Espiei por uma pequena janela. De longe, vi meu Uno em cima de um elevador. Estava de lado, com as portas abertas. As letras chamativas em amarelo e laranja me agradaram. Até o insufilme já tinha sido colocado.

– Ô mulher curiosa – ouvi meu esposo falando atrás de mim. Virei-me para ele.

– Não sei como você consegue não ter curiosidade – argumentei.

– Eu não coloco a carreta na frente dos bois. E, por isso, não sofro por antecipação como você. Venha! Sente-se comigo no sofá.

Passado algum tempo, um homem de uniforme azul escuro se aproximou.

– Boa tarde. Sou o chefe da oficina. A senhora é a dona do Uninho?

– Sim. Sou eu.

– Pois é. Ainda não conseguimos terminar a instalação do som.

– Como não?

Eu não queria acreditar em meus ouvidos.

– A semana foi muito movimentada e nos atrasamos.

– Vocês prometeram que ficaria pronto nesta tarde – reclamei.

– Isso acontece.

– Não, senhor. Se vocês estão com o trabalho atrasado, deveriam ter me comunicado.

– Só posso pedir desculpas pelo inconveniente – disse ele, sem parecer realmente arrependido.

Senti o coração bater como bomba-relógio prestes a explodir.

– O que vou fazer agora? Tenho uma homenagem amanhã às 10 horas.

– Lamentamos, senhora.

"Duvido que lamentem", pensei.

Então, cruzei os braços sobre o peito e falei alto e bom tom.

– Pode acreditar em mim, não saio daqui sem meu carro.

O homem de macacão azul arregalou os olhos.

– Calma, senhora!

– Calma coisa nenhuma. Vendi duas mensagens contando com o serviço que foi prometido por vocês. Não posso chegar à minha cidade de mãos vazias. Isso afetará o início do meu trabalho. Vão pensar que sou incompetente ou "enrolona".

– Vou ver o que posso fazer. Conversarei com o gerente. Se ele pagar horas extras para o pessoal, conseguiremos terminar o serviço.

– E o mínimo que vocês podem fazer pelo cliente – afirmei resoluta.

– Vou falar com ele e retorno.

– *Hummmm*... Aguardar! Aguardar! – resmunguei

Dez minutos depois, o gerente veio até nós.

– Dona Vânia. Boa tarde. Soube pelo nosso funcionário que seu serviço teve um pequeno atraso.

– Um grande atraso. Prometeram meu carro para ontem no fim da tarde. Viemos hoje, um dia depois, e ainda não está pronto.

– A senhora tem razão – disse ele.

– Quando liguei, se vocês tivessem me avisado do atraso, eu não teria agendado dois trabalhos em minha cidade. Como pode uma empresa desse porte não se comunicar com o cliente? Preciso do meu carro em condições mínimas para cumprir meus compromissos. Não posso sair de Porto Alegre de mãos vazias.

– O problema é o seguinte. O microfone que a senhora escolheu está em falta no estoque.

– Meu senhor, e só agora vocês perceberam? Por que vendem o que não conseguem entregar?

– Bem... A senhora quer levar o carro hoje, é isso?

– Claro.

Já estava perdendo a paciência.

– Então, tenho uma sugestão.

– *Tô* vendo que terei prejuízo.

– Enquanto trabalhamos no carro, a senhora poderia ir até o centro e comprar o microfone?

– Se não tem outro jeito – resmunguei.

– Mais uma coisa. Quantos minutos suas mensagens terão de duração?

– Em torno de vinte minutos.

– Pois é! Ao montarmos o som, percebemos que sua bateria não aguentará vinte minutos.

Comecei a ficar preocupada.

– O que teremos de fazer? – indaguei.

– Trocar por uma bateria mais potente tipo "Maxiboom".

– Agora não tenho dinheiro para comprar o microfone e a bateria.

Ele sorriu.

– Tenho uma sugestão. A bateria do seu carro é nova e boa.

Por que ele não falava de uma vez?

– E o que o senhor sugere?

– Este fim de semana, a senhora utiliza a bateria original do carro. Minha única recomendação é que você não poderá desligar o carro durante as homenagens. Solução paliativa até colocar a bateria mais indicada.

– *Hum*... Se não tem outra solução. Como vocês não pensaram nisso antes?

– Para falar a verdade, não imaginávamos que a senhora já teria trabalho tão rapidinho. Pensamos que levaria algum tempo testando a ferramenta até agendar as homenagens.

Balancei a cabeça indignada. Meu marido pareceu notar que eu estava prestes a explodir. Entretanto, me limitei a dizer:

– Pois é. Sou rápida no que faço.

– Deve ser mesmo – coçou o queixo ao mesmo tempo em que dava uma risadinha meio esquisita, que me pareceu debochada.

– Ok. Se não tem outro jeito... – respondi. – Vamos comprar o microfone. Daqui a pouco estamos de volta.

– Dona Vânia! – gritou quando eu já estava saindo. – Enquanto aguardamos o microfone, seguiremos com o trabalho. Não precisa ter pressa.

Em Porto Alegre, o local ideal para comprar esse tipo de produto é na Rua Alberto Bins. Após muito caminhar e pesquisar em várias lojas, meu marido, sem paciência de pechinchar, decidiu comprar o microfone com dois cheques pré-datados. Na realidade, um dos melhores microfones da loja.

Com mais dívidas que juízo, como dizia meu esposo, retornamos para a oficina no início da noite. A espera ainda foi longa, mas, por volta da 1 hora da manhã, o carro foi considerado "relativamente" pronto. Após participar de um pequeno treinamento quanto à utilização do equipamento, eu me considerei apta a trabalhar com meu tão sonhado carro de mensagens.

Passava das 2 horas da manhã quando retornamos para Quintão. Embora eu estivesse bastante cansada, sentia-me plena por ter dado o pontapé inicial na concretização do meu sonho e mais, em parceria com meu esposo.

Se formos capazes de olhar o lado positivo de qualquer situação, mesmo que tudo pareça complicado, sempre existe uma saída. É preciso aprender a gerenciar os acontecimentos e buscar estratégias para encontrar a melhor solução.

Na verdade, acredito que nós mesmos construímos nosso destino. Conforme encaramos os desafios do dia a dia, garantimos a qualidade de nossas vidas. Somos resultado da forma como administramos os contratempos.

Tem gente que passa a vida toda reclamando da sorte, mas não faz nada para mudá-la. Eu não sou assim. Minha vida nunca foi fácil. Lutei e ainda luto com unhas e dentes para concretizar meus sonhos.

Para mim, o grande segredo do sucesso é sonhar, focar, fazer, refazer e fazer novamente, até estar perfeito. Já disse um autor chamado Dirk Wolter: "A perfeição não existe, mas é perfeitamente possível praticar a excelência em tudo o que fazemos." Concordo com ele. Por esse motivo, procuro me aperfeiçoar a cada novo dia.

Eu precisava mostrar ao meu marido que sabia o que estava fazendo. No entanto, dentro de mim, também havia certa dose de insegurança.

PRIMEIRA MENSAGEM: O TESTE DE FOGO

Tínhamos duas mensagens encomendadas para o fim de semana: uma no sábado, outra no domingo. A homenagem de sábado aconteceria em um sítio, na cidade vizinha, por volta das 11 horas da manhã. Era o aniversário do bicheiro da região. O funcionário solicitou capricho especial na homenagem. Ele desejava impressionar o patrão e os aproximadamente duzentos convidados que estariam no local. Gostei da informação. Significava uma oportunidade de fazer nosso marketing.

Eu e meu filho, Logan, acordamos cedinho e nos preparamos para a estreia do carro de mensagens. Para falar a verdade, eu nem havia dormido direito de tão ansiosa.

Quando chegamos ao local, encontramos a porteira aberta, como havia sido combinado. Então, colocamos os balões no carro, aumentamos o volume do som ao máximo e iniciamos a trajetória até a sede do sítio. Assim que estacionamos, os convidados se aproximaram. Saí do carro e ao identificar o aniversariante comecei a ler a mensagem:

"Temos um recado importante no dia do seu aniversário. Viva; cada dia ao máximo. Aproveite o que puder: cada instante, cada hora, cada dia e cada época da sua vida. Assim, você poderá olhar para frente com confiança e para trás sem ressentimentos. Seja você mesmo, mas sempre o melhor de você mesmo. Atreva-se a ser diferente, a seguir sua própria estrela. Não tenha medo de ser feliz. Desfrute de tudo o que é bonito. Ame com todo o seu coração e com toda sua alma. Acredite naqueles que amam você. E lembre-se: Deus ajuda aqueles que se ajudam. Comporte-se como se tudo dependesse de você. Reze como se tudo dependesse de

Deus. Viva cada dia ao máximo. Feliz Aniversário! Carinhosamente, colaborador Roner e família."

Ao finalizar a leitura, logo após o término da música *Parabéns a você*, entreguei o quadro com a mensagem impressa e o cacho de balões ao aniversariante. Assim que abracei o homenageado, igual a uma atriz ao findar o melhor espetáculo, agradeci a todos e entrei no carro para minha saída triunfal como havia planejado.

Sentei ao volante, pisquei para meu filho em agradecimento e virei a chave na ignição. O que ouvi foi: *Brrrrrrrr*. Não ligou. Respirei fundo, levei a mão direta à testa e mentalizei positivamente: "Calma, Vânia, vai dar certo".

Tentei novamente. Nada. Minhas mãos começaram a tremer. Segurei com força a direção, gesto que normalmente me acalma.

– Não acredito! Será que o carro estragou?

Mordi os lábios num gesto de desespero e senti o gosto do sangue. Ouvi meu filho dizer:

– Mãe, você esqueceu o que o cara do som disse? Você não deveria ter desligado o carro.

– Não acredito que fiz isso – rosnei com os dentes trincados.

Olhei para fora e vi que o aniversariante e os convidados aguardavam nossa retirada. Abri um sorriso, tentando manter a pose. Por dentro, eu me sentia igual a uma gelatina balançando de um lado a outro.

"O que fazer?"

– Que merda! – praguejei comigo mesma.

– Se ferrou mãe! O negócio é empurrar o carro.

– Impossível! Sem chances! – gritei. – Não vou pagar um mico desses!

Nisso, o rapaz que nos contratou se aproximou do carro, perguntando:

– O que houve?

– Matei a bateria – expliquei.

– Puxa, que zebra.

– Pois é! Esqueci que não deveria ter desligado o carro. A bateria não aguenta vinte minutos de som em potência máxima.

– Boa gente, o jeito é empurrar – ele sugeriu.

Sem alternativa, concordei.

Meu tão desejado momento triunfal estava se esvaindo sob os vários braços que empurravam nosso lindo e charmoso carrinho. Alguns metros depois, o carro pegou no tranco. Saímos em direção à estrada. Pelo retrovisor, vi os convidados rirem da situação. Senti-me mortificada, com vergonha do mico.

Naquele instante, prometi que, mesmo sem dinheiro, na semana seguinte compraria uma bateria mais potente (a tal da "Maxiboom").

Ter de me lembrar de não desligar o carro durante as homenagens era inconcebível porque meu pensamento primordial precisava estar focado na emoção. Para transmitir carinho e alegria a alguém, requeria eu estar bem comigo mesma. Não há como passar uma boa energia preocupada. Comprar a bateria seria uma das soluções, a outra, rodar o PDCA. O **PDCA** (**Planejar-Executar-Verificar-Ajustar** do inglês: *PLAN - DO - CHECK - ACT*), é um método iterativo de gestão de quatro passos, utilizado para o controle e melhoria contínua de processos/produtos ou serviços.

MENSAGEM COM FOGOS DE ARTIFÍCIO

– Da próxima vez, pense melhor no que faz – disse meu marido.

– O que você quer dizer com isso? – retruquei.

– Em vez de comprar aquela porcaria de roupa cara. Você deveria ter comprado fogos de melhor qualidade.

– Não tem nada a ver com a roupa.

Então, lembrei com saudade do belo traje que se foi.

"Ele pode ter razão", pensei. "Se eu não tivesse mania de diminuir custos, nada disso teria acontecido."

O primeiro mês trabalhando com mensagens nos trouxe um grande aprendizado. Os moradores de Quintão e dos arredores passaram a utilizar, cada vez mais, nosso serviço. Para minha surpresa, certo dia, um cliente solicitou fogos de artifício na chegada do carro de mensagens.

Compramos, então, uma bateria de fogos e eles eram estourados conforme o pedido do cliente. Ao fim de um dos trabalhos daquela semana, o entusiasmo foi tanto, que recebemos duas encomendas de mensagens com fogos de artifício para a semana seguinte.

Como nem tudo é perfeito, em uma das apresentações um rojão estourou ao lado do pé do meu filho, queimando o cadarço do tênis dele. Em outro evento, o rojão estourou para trás e foi parar em cima do meu carro. Com o susto, perguntei-me se era possível um rojão detonar embaixo do carro a ponto de explodi-lo, como nos filmes de ação que meu marido adora.

Entretanto, apesar desses tropeçõezinhos, já conseguíamos realizar em torno de dezoito homenagens por semana. E, para surpresa do meu marido, somente com o valor das mensagens, sem acrescentar os extras, eu já pagara as primeiras parcelas do carro e do som. O incremento de fogos acabou sendo uma atração a mais nas homenagens. No entanto, a operacionalização deles era o nosso grande e cruel desafio.

– Mãe... – disse Roger, após o terceiro acidente tê-lo deixado com o cabelo queimado. – Isso é muito perigoso.

Concordei com a cabeça.

– Você tem razão, filho, mas o que fazer se os clientes querem?

– Eles podem querer, mãe, mas vamos deixar de comprar fogos importados do Paraguai. Melhor, também, utilizar botas, óculos protetores, luvas e capacete enquanto estivermos manuseando o equipamento.

– Temos um problema nisso. O que nossos clientes vão achar quando a gente chegar à casa deles vestidos de pedreiros? Também não temos condições de pagar mais o triplo por fogos comprados em boas lojas de Porto Alegre.

– Então, vamos comunicar que não trabalhamos mais com fogos – insistiu ele.

– Esse não é o problema. O problema é que a gente tem de se cuidar mais.

Roger arregalou os olhos.

– Não. O problema é que sem o equipamento adequado, o negócio é arriscado – pontuou ele.

– Filho, o seu topete em duas semanas volta ao tamanho normal. Você não pode pensar assim. Se não oferecermos o que os clientes querem, vamos perdê-los.

– Melhor do que perder uma vida. Não acenderei mais nenhum foguete – disse Roger com sua costumeira veemência.

Eu não sabia o que fazer. Tínhamos anunciado que trabalhávamos com fogos. Se tirássemos o serviço, frustraríamos os clientes que já haviam planejado seus eventos com eles.

Alguns dias depois, recebi uma encomenda de homenagem para as bodas de prata de um casal. A mensagem seria entregue de tardinha. Estava fazendo um lindo domingo de sol. Ao meio dia, meu esposo faria um churrasco. Para acompanhar, preparei a tradicional salada de batata com maionese – muita maionese, como minha família adora. Para agradar o Roger, fiz a sobremesa preferida dele: sagu de vinho e creme branco de leite de coco. Mesmo assim, ele se recusou a me auxiliar na mensagem.

– Poxa, filho. Será que não pode fazer este favor a sua mãe, ao menos hoje?

– Não! Já me queimei – reclamou ele. – Tenho pavor de foguete.

– Filho...

– Mãe, vê se entende de uma vez por todas. Não vou mais ajudar você nas mensagens com fogos.

Retirou-se da sala. Minutos depois, saiu portão afora com a prancha de surfe.

“Foi surfar e me deixou na mão. Filho ingrato”, pensei.

O bate-boca com Roger me fez sentir certo incômodo na barriga. Espasmos acompanhados de mal-estar. Felizmente o Logan, com “pena da mamãe”, aceitou me acompanhar na homenagem. Ele disse ter pena de mim, mas acho que era pelo dinheiro extra que ele ganhava por cada mensagem que fazia. Logan é movido a recompensas.

No fim daquela tarde, de marcha à ré, cruzei o portão da casa do cliente e passei por um estreito caminho entre o muro e a piscina tamanho olímpico no meio do jardim. Dei-me conta, então, que se continuasse de marcha à ré pelo caminho, que agora parecia dar a volta na piscina, estava arriscando cair com o carro na água. A minha barriga parecia estourar e o gosto de maionese se acentuava cada vez mais na boca.

– Vamos trocar de lugar, Logan. Você vai levar o carro até a frente da casa.

– Você está bem, mãe?

– Faz o que pedi – retruquei.

Considero-me uma boa motorista, mas além do incômodo na barriga e do gosto de maionese na boca, minha cabeça girava como se eu tivesse tomado umas vinte caipirinhas de vodca e limão. Ter de dar marcha à ré naquele jardim cheio de flores e folhagens, caprichosamente alinhadas, deixava-me insegura.

– Mãe! Um dia você vai ter de perder o medo de dar a ré – disse Logan.

– Outro dia, eu perco. Mas vamos trocar de lugar. Você coloca o carro na frente da casa e deixa os fogos comigo.

– Ok! – concordou ele. – Mas não se esqueça dos óculos de proteção que o Roger comprou.

– Está bem! – eu disse, saindo do carro.

Naquele momento, eu me senti a última bolachinha do pacote com minha roupa de grife: saia preta e blusa branca, ambas bordadas com lantejoulas. No pescoço, coloquei uma echarpe com fios na cor prata. Para completar o *look*, os pés vestiam sandália preta de salto alto.

Abri a porta de trás, peguei aquele troço horroroso que chamam de óculos de proteção e coloquei. Depois, tirei o resto do equipamento.

Enquanto Logan manobrava o carro, eu me posicionei para acender os fogos. Em uma mão, segurava o quadro da mensagem e o microfone com 5 metros de fio. Na outra, os três rojões, o pedaço de taquara e o isqueiro. No momento da homenagem, ventava. Virei de costas. Encaixei o rojão no pedaço de taquara. Os óculos de proteção atrapalhavam. Tirei-os do rosto e joguei na grama. Acendi o primeiro rojão.

Bummm!

Estremeci. "Que barulho infernal", pensei.

Olhei para a casa e vi Logan com o carro posicionado próximo a ela. Então, acendi o segundo rojão. O quadro da mensagem caiu. Peguei-o e vi que estava manchado por conta da umidade da grama.

"Mas que porcaria! Por que não deixei o quadro dentro do carro?", refleti. "Por que sempre quero fazer tudo ao mesmo tempo? O Logan tem razão quando diz que tento e ajo como uma supermulher, uma giganta com três metros de altura."

Assoprei a sujeira do quadro e peguei o microfone do chão. Nisso, vi que o casal e os convidados já estavam à beira da piscina. Chegara a hora de estourar o terceiro rojão. Ao tentar acender, atrapalhei-me com a echarpe. Arranquei-a do pescoço e amarrei-a na cintura.

Virei, então, meu corpo contra o vento e encostei o isqueiro no pavio. Ouvi um estouro forte e diferente. Meus ouvidos zuniram. Senti uma dor lacerante na barriga acompanhada de um cheiro estranho.

"O que estava acontecendo?"

– Vânia? Vânia? *Tá* ouvindo? Tragam um lençol, rápido – alguém gritou.

– Coitada! Que horror! – disse uma voz feminina.

"Meu Deus! Morri? Por que não ouvi os meus filhos? Que Deus não permita que eu morra antes de ver esses guris crescidos", pensei.

– Gente, esse lençol vem ou não vem? – Escuto um homem dizer.

"Fica calma, raciocina. Lençol se coloca em cadáver."

Meus pensamentos fluíam a milhão. Não sabia o que estava acontecendo. Arrependimento, tristeza e dor na barriga acompanhavam minhas indagações.

– Já chamaram o marido dela? Não? Então chamem logo – berrou a mesma voz que pediu o lençol.

– Mãe... Mãeeeee... – chamava Logan.

– Tá escuro – respondi.

– Então, abra os olhos, mãe!

– Eu não morri? – perguntei, abrindo os olhos ao mesmo tempo em que levantava a mão direita com muita dificuldade.

– Vamos tapem-na logo – disse o homem.

– Não precisa. *Tô* bem – murmurei.

– Você não está nada bem, minha filha. Não pode ficar nesse estado – falou uma idosa gordinha, com grandes olhos verdes, enquanto se abaixava até mim.

– Como assim, nesse estado? – perguntei.

Ela meio constrangida direcionou os olhos para as minhas partes íntimas.

– O que houve? – falei com voz tremula.

Até aquele momento, não tinha tido a coragem de olhar para meu corpo. Meio grogue, levantei a cabeça o mais alto que consegui. A barriga doeu tão forte quanto dor de parto.

– *Aiiiii!* – urrei ao me descobrir desnuda.

A saia estava queimada de cima abaixo. Mas tudo o que consegui pensar foi: "Minha madrinha Achiropita, não me depilo faz um tempão. Que vergonha."

A calcinha se misturara com os pelos pubianos queimados.

"Juro que a partir de agora nunca mais deixo de me depilar", pensei, enquanto tentava secar as lágrimas com as costas da mão.

– Não chora, querida. Tudo vai ficar bem. O que aconteceu é que o rojão em vez de subir, desceu. Ao estourar para baixo, fez um estrago feio em você. Furou o quadro da mensagem, queimou sua roupa e também a sua barriga.

– Por isso precisamos do lençol, para cobrir você – explicou Logan ofegante.

– Enfim, o lençol chegou! Enrole no corpo dela – gritou outro homem que tentava me acalmar.

Minhas mãos tentaram ajeitar e unir os pedaços da saia. Dentre todo esse burburinho, ouço, ao longe, o som da sirena de uma ambulância.

– Preciso terminar a mensagem – argumentei, tentando me levantar.

– Não se preocupa. Ninguém quer isso nesta situação – disse a senhora, enquanto tentava me impedir de levantar.

A ambulância chegou ao exato momento em que enrolaram o lençol no meu corpo.

– Tirem isso dela – ordenou um enfermeiro, ao mesmo tempo em que ia puxando o lençol de cima de mim.

– Não, não, não – gritei com minhas mãos agarradas ao tecido, enquanto me debulhava em lágrimas. Junto do lençol, a saia viera abaixo.

– Moça, tenha acalma. A queimadura não pode ser abafada – explicou o enfermeiro, ao mesmo tempo em que iniciava os procedimentos para me colocar na maca. Em pé, com minhas partes íntimas parcialmente expostas, continuei a soluçar. Minha barriga começou a fazer uns barulhos estranhos.

Fui colocada na maca pelo enfermeiro, meu filho e por mais uma pessoa que eu não conhecia. Assim que me deitaram, apesar da dor insuportável, eu me encolhi feito bolinha de lã. Neste momento, a maionese fez efeito e tudo que havia ingerido desceu como uma cascata em tempos de chuva intensa.

– Tragam mais panos – alguém solicitou.

– Não é necessário – ouvi o enfermeiro dizer.

Assim que fui colocada dentro da ambulância, mesmo envergonhada, espiei para fora. Vi que os homens estavam de olhos arregalados. Pareciam preocupados. No entanto, a maioria das mulheres estava com as mãos na boca, abafando o riso.

"Ai meu Deus! Que fiasco! Aposto que nunca mais nos contratarão para homenagens."

Na unidade de saúde, foi constatada queimadura de segundo grau, sem afetar órgãos vitais. Fui medicada e liberada com recomendação de repouso.

Daquele episódio em diante, já restabelecida, minha família e eu optamos por eliminar, em definitivo, o uso de fogos de artifício. O que pesou na decisão foi a questão da minha segurança e a dos meus filhos. A maioria dos clientes compreendeu a frágil situação.

Os clientes que desejavam fogos durante as homenagens eram instruídos a acenderem por sua conta e risco. Nos meses seguintes, a cada bateria de fogos que era lançada ao ar durante a realização de uma homenagem, meu corpo estremecia. Levei muitos anos para diminuir a tremedeira e a sensação de pavor com fogos de artifício. Aliás, se eu for bem sincera, até os dias atuais, estremeço dos pés à cabeça com o barulho dos fogos.

HOMENAGEM PARA...?

Ao atender uma ligação, ouvi do outro lado:

– Bom dia! Quero fazer uma homenagem – disse a voz masculina.

– O senhor deve vir a nossa loja para efetivar a encomenda – expliquei.

– Não posso moça, estou longe da sua cidade. A homenagem seria para amanhã à noite.

– Assim, fica meio complicado.

– Por quê?

– Porque o senhor precisa escolher a mensagem, as músicas e também efetuar o pagamento – eu disse.

– Você não tem uma conta para eu depositar?

– Tenho sim. Mas o senhor não prefere vir pessoalmente e fazer os acertos? Pode ser tarde da noite. Atendo o senhor com maior prazer.

– Não posso mesmo comparecer.

– Olha... Aviso que encomendar uma homenagem por telefone pode não ser a melhor maneira de acertar na escolha.

– Não se preocupa, já conheço o trabalho de vocês. Prefiro assim.

– Está certo, então – concordei. – Faremos do seu jeito para facilitar sua vida.

– Obrigado. Sabia que podia contar com você.

– De que tipo de homenagem se trata?

– Queremos homenagear uma pessoa que estará numa festa.

– Qual a ocasião? Um aniversário?

Ele hesitou.

– Não se trata de um aniversário. Desejamos ressaltar os pontos positivos de um amigo. Com certeza vocês têm esse tipo de mensagem, não?

– Se não tivermos em nosso portfólio, montamos um texto. Fica tranquilo.

– É muito importante que seja uma coisa tocante. Almejamos ressaltar o caráter do nosso amigo. Ele é uma pessoa muito especial.

– Então, seria mais fácil você me enviar um rascunho para eu transformar em mensagem.

Passei ao cliente o e-mail e também o orientei para que o texto não contivesse mais de vinte linhas. Depois, acertamos os detalhes do depósito. Três horas mais tarde, recebemos o texto:

"Ter um amigo é maravilhoso. Ainda mais se for alguém idôneo e de caráter forte e firme. Mas você é muito mais do que isso. É alguém que faz a gente se sentir bem. Em você, podemos acreditar e confiar. Você está sempre perto quando temos problemas a resolver. É incansável no auxílio ao próximo. Nunca se está realmente só, quando temos alguém como você a nosso lado. Portanto, é muito importante apoiá-lo neste momento especial da sua vida. Queremos que tenha a certeza de que pode contar conosco, hoje, amanhã e sempre. Parabéns por ser essa pessoa tão empenhada, íntegra e honrada. Conte com nosso apoio."

Então, no dia seguinte, no horário combinado, não conseguimos estacionar na porta de entrada, então, resolvi descer do carro para tentar uma vaga. Entrei no salão com a intenção de procurar o ecônomo. Ele poderia me auxiliar. Levei alguns minutos para encontrá-lo.

– Boa tarde! Sou a Vânia, do carro de mensagens ao vivo. Temos uma homenagem para uma pessoa que deve estar aqui dentro

– Para quem é?

– Para o Alvadir.

– Ah! O candidato.

– Candidato? Acho que não.

– Se não me falha a memória. O candidato é o único homem lá dentro que se chama Alvadir – explicou o ecônomo.

– Bom. Se ele é ou não candidato, não sei dizer. Mas preciso que retirem aquele carro azul estacionado na vaga da porta. Entrego a homenagem e vou embora. O senhor me ajuda?

– Sem problemas. Vamos lá – disse ele, saindo em direção oposta e rindo.

Como não entendi o motivo do riso, fiquei um pouco sem graça. Resolvido o problema do espaço, Logan posicionou o carro de ré, como de costume. Fui auxiliá-lo. Em seguida, colocamos o giroflex e os demais apetrechos. Como eu havia trocado a bateria para a Maxiboom, decidi colocar o volume bem alto. A música atraiu alguns curiosos que começaram a se aproximar. Assim que terminei de pendurar os balões, voltei ao carro com a intenção de pegar o quadro com a mensagem impressa e o microfone.

– Logan, onde você colocou o quadro?

– Não mexi nele, mãe.

– Como não? Ele devia estar aqui.

– Mãe! Por favor, não começa com estresse.

– Como não me estressar? Já viu o tamanho do nosso problema?

– Calma. Procura direito que deve estar aí.

– Guri, se eu disse que não está, é porque já procurei e não encontrei.

– *Xiiii*. Então estamos ferrados.

Irritada, exclamei:

– Santa incompetência!

– Ah! Mãe. Não é adequado você ficar nesse estresse todo.

– O que será que aconteceu com o quadro? Onde foi parar? Será que entregamos trocado na última mensagem?

Algo em meu íntimo dizia que o quadro não estava no carro. Essa possibilidade me deixou trêmula. Cruzei os braços sobre meu peito como se aquele gesto pudesse me proteger.

– Fica fria. Você nervosa é que não vai encontrar mesmo, mãe. Já vou ajudar você.

Então, saí de dentro do carro para dar espaço ao Logan. A esperança é a última que morre. E eu tinha a forte esperança que o quadro fosse encontrado.

Com um grande número de pessoas já ao nosso redor, eu não poderia esboçar nenhum tipo de reação negativa. Para me acalmar, baixei o volume do som e falei para os expectadores:

– Olá pessoal. Estamos aqui para realizar uma homenagem. Solicito que todos saiam do salão para compartilhar conosco a mensagem que entregaremos em alguns minutos. Quem é o Alvadir?

Sob aplausos, surgiu, do meio da multidão, um homem moreno, alto, de terno e gravata. Estranhei o traje, porque todas as outras pessoas usavam roupas informais. Em seguida, desliguei o microfone, olhei para o Logan e perguntei do quadro.

Ele fez sinal que não tinha encontrado.

"Ai meu pai do céu! O que eu vou fazer? Não posso mais sair daqui e pegar o quadro na nossa loja. Como eu vou lembrar o que estava escrito na mensagem? A única coisa que tenho é o nome da criatura homenageada: 'Alvadir'."

Logan se aproximou e cochichou no meu ouvido:

– E agora, mãe, o que você vai fazer?

Com a convicção que eu não possuía, falei com voz firme e incisiva:

– Pega a planilha, coloca as músicas solicitadas e deixa o resto comigo.

Assim que Logan baixou o som, comecei a falar o que vinha em minha mente. O que eu lembrava.

– Quem de vocês não precisa de um amigo? De alguém especial para partilhar a vida, as experiências? Aqueles que têm amigos de verdade possuem um tesouro. Uma joia preciosa, de grande valor, que não encontramos em todo lugar. Um amigo verdadeiro como você faz a gente acreditar que nunca estará só. A você, querido Alvadir, o nosso muito obrigado pela parceria e pelo apoio que tem demonstrado. Temos em você, uma grande pessoa. Obrigado por sua amizade e companheirismo! Conte conosco, sempre.

Em seguida, Logan colocou uma música.

– Ufa. Ainda bem que você tem o dom da palavra, mãe.

– Menino, você não sabe o sufoco que passei.

Meu coração batia desesperado.

– E eles nem perceberam nada – garantiu Logan.

– É verdade – falei, enquanto observava o homenageado ser abraçado por algumas pessoas.

Aproveitando o momento em que a música estava no fim, começamos a guardar o microfone para sair do local. Iniciados os procedimentos de finalização, eu me dirigi ao homenageado para entregar os balões.

– Moça, eu preciso agradecer esta bela homenagem.

– Não é necessário agradecer. Nós é que agradecemos a oportunidade de homenagear uma pessoa tão especial quanto o senhor.

– Preciso agradecer, sim.

– Está agradecido, então.

Ele sorriu.

– Moça! Você não entendeu.

– Não entendi o quê?

– Quero usar o microfone para fazer um agradecimento.

– Não é usual o homenageado usar o microfone. Até porque, já recolhemos tudo, pois temos outra homenagem em vinte minutos.

– Então, muda o procedimento – disse incisivo.

Ele pegou o meu braço e me puxou até o meu carro. Logan, assim que viu nossa aproximação, olhou-me como se indagasse o que estava acontecendo.

– Passa o microfone e baixa o som – eu disse. – O homenageado vai agradecer.

Eu parecia calma, mas o meu tom era indignado. Passei o microfone a ele.

– Alô. Não tem som – reclamou ele.

– O senhor deve ligar o botão.

Então, Alvadir começou:

– É um prazer receber esta bela homenagem...

Esse foi o começo do discurso narcisista. Dez minutos se passaram e Alvadir parecia não estar chegando ao fim. Comecei a ficar agitada porque o tempo estava passando e atrasaria minha homenagem seguinte. Quando, finalmente, o candidato parou de falar, ele virou-se para mim:

– Obrigado por permitir que eu usasse o microfone. Era importante eu utilizar este espaço porque houve um equívoco.

– Qual equívoco?

– O texto que você falou não foi o mesmo enviado por e-mail. O que foi que aconteceu?

Irritada com a demagogia do homem não titubeei. Puxei o microfone da mão dele.

– Pessoal, estou com um probleminha para identificar o autor da homenagem.

– Por favor, levanta a mão quem enviou esta mensagem para o senhor Alvadir.

O silêncio foi total. Tornei a perguntar:

– Vamos pessoal, quem de vocês me ligou?

Olhei ao redor, da esquerda para a direita. Alguns dos presentes começaram a se retirar do local.

– Bom, alguém depositou dinheiro na minha conta. Quem de vocês foi? – indaguei. – O senhor Alvadir quer abraçar o autor da bela homenagem.

Então, desliguei o microfone. Nesse momento, o homenageado se virou em minha direção. Pegou o microfone e mexeu nele, enquanto olhava sério para mim.

– Quero falar com a senhora.

– Pode falar.

– Peço que pare de insistir em achar o autor da mensagem.

– Por quê? Não posso ficar mal com esse pessoal. Muitos aqui são meus clientes.

– Deixe assim, é melhor...

– Melhor para quem?

– Para mim – respondeu ele.

– Por quê?

– Fui eu quem ligou – explicou Alvadir.

– Quando?

– A senhora ainda não entendeu?

– Não.

– Eu encomendei a homenagem!

Nesse momento, olhei para o público e compreendi por que as pessoas ainda estavam por perto, rindo. Pareciam debochadas. Alvadir ainda não se dera conta, mas eu sim.

– Seu Alvadir, agora eu entendi. Mas não era melhor você ter desligado o microfone? A luzinha deve ficar vermelha quando está desligado. Quando está verde é porque o microfone continua funcionando.

A ESTRATÉGIA

No mundo artístico, a vaidade é algo que fica latente e visível.

Fomos contratados para realizar uma homenagem de bodas de prata para um casal que morava na praia de Magistério. A família enfatizou o cumprimento do horário.

Tudo acertado, deslocamo-nos até a residência. Lá chegando, Logan e eu notamos que a casa ficava do outro lado de uma avenida onde um palco estava montado. Era muito comum, no período de veraneio, as prefeituras do litoral colocarem um palco para apresentações artísticas no centro das localidades. As pessoas gostam porque é ao ar livre e não precisa pagar pelo espetáculo. Na noite em questão, um grupo estava se apresentando.

"*Xiiiiiii*. Isso não vai dar certo", pensei com meus botões.

– Olha só, mãe, um show! – disse Logan.

– E agora?

– Bom, vamos ter de trabalhar no volume máximo do som, do contrário, vai ser uma droga.

– Ah! Não posso estragar o show deles – afirmei.

– *Tá* bom, senhora diplomática. O que pretende fazer, então?

– Farei o seguinte. Conversarei com o grupo que está se apresentando. Peço que abaixem o som, somente pelo tempo que durar a nossa mensagem.

Em seguida, saltei do carro e me dirigi ao show. Perto do palco, fiz sinal com a mão que queria falar com um dos integrantes. Demorou um pouco para me atenderem. Um homem, com a expressão mais sisuda do mundo, desceu as escadas do palco. Enquanto vinha em minha direção, mirou-me com cara de poucos amigos.

"Isso não está parecendo um bom presságio."

Mas falei corajosa:

– Olá. Ótimo o show de vocês.

– Obrigado. Mas fala logo, moça.

– É que eu estou com um problema.

– O que quer? Sou todo ouvido.

– Olha... Eu e você somos artistas. Você com sua música, eu com meu carro de mensagens ao vivo.

– Sim... Continua... – disse ele.

– O que acontece é que preciso fazer uma homenagem de bodas de prata naquela casa amarela da esquina.

Apontei.

– O que a gente tem com isso?

– O problema é que a música de vocês não me deixará fazer a homenagem – expliquei.

– E nós com isso?

– Precisamos da ajuda de vocês.

– Que tipo de ajuda?

Tomei mais coragem ainda:

– Vocês teriam como fazer um intervalo de uns quinze minutos para que possamos entregar nossa mensagem?

– Espera aí – disse ele em tom indignado. – Você não espera que a gente pare o show para você fazer uma homenagenzinha?

– Como assim? – bufei como um rinoceronte que foi cutucado com um ancinho.

– Homenagenzinha! O que você acha que é? Quer menos barulho? Faz o seguinte, espera o show terminar. Ah! Vai! Eu sou um artista, guria.

– Mas que cara atrevido! – resmunguei, sentindo meu sangue subir nas alturas.

Com visível má vontade ele respondeu:

– O.k. Vou ver o que posso fazer.

Em seguida, o homem se virou e voltou ao palco. Fiquei aguardando. Alguns minutos depois, o senhor *sisudão* fez sinal para que eu fosse até o outro lado do palco. Com uma risadinha debochada, ele disse:

– Falei com nosso pessoal. É o seguinte, nós estamos atrasados. Daqui duas horas, teremos de estar em outra cidade. Portanto, lamentamos, mas não podemos atender seu pedido. Sugiro que aguarde nosso show terminar para fazer a homenagem. Vai levar menos de uma hora.

Fiquei indignada. Nisso, senti um puxão no meu braço esquerdo. Olhei para o lado e vi meu filhote Logan.

– Mãe, venha, vamos embora.

– Não vou.

– Mãe, se liga. Olha ao redor. Se você armar barraco vai ficar muito chato.

– Meu filho. Você sabe que não tenho sangue de barata – apontei o dedo indicador em direção aos músicos.

– Não estou pedindo a este grupinho o impossível. E só uma questão de cooperação.

– Eu ouvi direito? – falou o homem sisudo

– Ouviu, sim.

– Como é que é, dona? Chamou a gente de grupinho? Agora é que a gente não vai parar.

– Isso é um absurdo total – exclamei.

– E tem mais. Vou levantar o volume o mais alto que conseguir. Fui!

Ele subiu no palco pela escada. Caminhou ligeiro com a provável intenção de cumprir o prometido: aumentar o som nas alturas.

– O que a gente faz? Com essa barulheira não dá pra fazer a mensagem – choraminguei para o Logan.

– Ah, mãe! Vai perguntar logo pra mim?

Sem saber o que fazer e arrependida de não ter lidado mais sabiamente com a situação, segui meu filho em direção à rua. Antes de chegar ao carro, um dos filhos do casal que seria homenageado nos interpelou.

– Por que vocês ainda não começaram a homenagem?

– Estamos com um problema – respondi. – O show atrapalhará nossa homenagem.

– Eu e meus irmãos já tínhamos previsto esta situação.

– Falei com um dos músicos. Eles não querem cooperar. Pediram que esperássemos o show terminar. Eu não posso, tenho outras homenagens agendadas para hoje à noite.

– Entendemos a situação, mas a família toda está aguardando o carro. Também contratamos alguém para filmar. Com essa barulheira não ficará bom.

– Não é nossa culpa – salientou Logan.

– Nós também não sabíamos do show – explicou o rapaz.

– O que faremos, então? – indaguei

– Vou ver com meus irmãos. Já volto. Não saiam daqui.

Algum tempo depois, retornou.

– Nós pensamos numa forma de vocês fazerem a homenagem.

– Como? – perguntei.

– A gente sabe onde fica o disjuntor que distribui energia elétrica para todo o palco.

– Em que confusão vocês vão nos meter? – perguntei apavorada com o problema que isso poderia acarretar.

– Nós vamos dar um jeito da peça pifar, oras!

– Minha nossa! – exclamei, vendo a expressão traquina dele.

– Não se preocupem. Mesmo! – ele disse veemente.

– Podemos ser presos – retruquei.

– Será de nossa inteira responsabilidade – ele explicou.

– Não sei, não – cocei o queixo, nervosa. – Acho muito arriscado.

– Fiquem tranquilos. Em todo caso, vocês não sabem de nada – enfatizou o rapaz. – Vocês não estão querendo deixar a gente na mão, né?

– Claro que não – respondi indignada.

– Façam o seguinte, quando as luzes se apagarem no palco, estejam prontos para iniciar a homenagem – ele instruiu.

– Ok. Seja o que Deus quiser – concordei por fim.

Começamos os preparativos para o trabalho. Enquanto não recebíamos o sinal, comecei a comer balas de goma para tentar manter a calma. Açúcar tem o poder de me deixar mais tranquila.

Passados alguns minutos, como num passe de mágica, o palco escureceu. Nós ligamos as turbinas do nosso “show sobre rodas” e avançamos até a residência. Como estava muito escuro, tive alguma dificuldade em calcular a entrada da casa. Errei, na primeira tentativa. Na segunda, não escutei Logan pedindo para eu parar. Avancei.

Pum!

– Mããããe!

– Que porcaria eu fiz agora? – lamentei.

– Você acertou o poste de luz. *Xiiii.* O pai vai brigar com a gente.

– Vai lá e dá uma olhada no estrago – respondi resignada, pensando que a noite não seria fácil.

A mim, mal pareceu que eu havia deitado minha cabeça na direção, quando Logan voltou acompanhando de dois homens.

– Não tem jeito, mãe. Você arrebentou a traseira.

– A senhora está bem? – perguntou um senhor parado ao lado da minha porta.

– Sim, estou. Mas... E agora? Tenho pouco tempo para fazer a homenagem.

– Por isso vim ver se precisava de auxílio – respondeu ele. – Posso posicionar melhor o seu carro. Colocamos um pedaço de madeira para apoiar a porta traseira e, depois da homenagem, tentamos desamassar.

– O.k. – respondi enquanto abria a porta para sair.

Ele sentou no banco do motorista e ajeitou o carro na entrada do portão. Eu não tive coragem de ver o estrago. Com o carro no local certo, comecei a retirar o microfone do banco traseiro. Queria iniciar de uma vez a homenagem que estava dando muita dor de cabeça, além do prejuízo inesperado.

Quando comecei a ler, o silêncio foi total. As pessoas pareciam compreender a importância do momento. No fim da homenagem, como "num passe de mágica", a energia elétrica voltou. Depois de abraçar o casal, tive a sensação de dever cumprido. Saindo da casa, em direção ao carro, vi alguns convidados tentando desamassar a porta traseira do Uno.

– Não tem jeito de arrumar, senhora. A batida foi muito forte. Não tem como fechar – um deles disse.

– Não me diga uma coisa dessas. Meu marido vai me esfolar viva.

– O que podemos fazer é amarrar a tampa com arame – ele sugeriu.

– Fazer o quê. Se não tem jeito... – concordei resignada.

Com paciência e cuidado, eles amarraram a tampa do porta-malas com arame, deixando uma barra de madeira impedindo que ela fechasse por completo. Embora com certa dificuldade, não deixaríamos de cumprir com os compromissos daquela noite. O som ainda era audível, mesmo com a tampa semiaberta.

Ao deixar o local, passando pelo palco, vi que os artistas estavam se preparando para dar continuidade ao show. Sem resistir à tentação de provocá-los, comecei a procurar o microfone. Logan, em tom de voz preocupado, indagou:

– O que pretende fazer?

– Nada.

– Mãe! Não vá fazer besteira.

– Não se preocupe.

Liguei o microfone e soltei a voz:

– Boa noite, pessoal. Obrigada pela cooperação, colegas músicos. Tenham um ótimo show. E viva a criatividade!

Em seguida, atirei o microfone no banco traseiro ao mesmo tempo em que suspirava aliviada.

– *Iupiiiii* – falei alto dentro do carro, logicamente, com o microfone desligado. E também totalmente esquecida de que teria de dar uma explicação ao meu marido sobre a batida no poste.

2º Ano

Agregando valor

Não conheço fato mais encorajador do que a inquestionável capacidade para elevar sua vida através de um esforço consciente.

– Anthony Robbins

AGREGANDO VALOR

Após algum tempo trabalhando como mensageira, observei que no fim da apresentação, principalmente quando o show acontecia numa avenida de muito movimento, as pessoas paravam nosso carro para solicitar o fôlder da empresa. Contratei, então, duas meninas bonitas e simpáticas, Luciane e Adriana, que distribuíam aos expectadores e potenciais clientes nosso material promocional.

Para manter o negócio em destaque, já que dois novos concorrentes haviam entrado no mercado da região, era necessária alguma ação. A competição tinha ficado mais acirrada. Então, minha equipe e eu decidimos que **investir em valor agregado** era a melhor saída.

Aprendi no curso de administração que quando agregamos valor ao produto/serviço não corremos o risco de entrar em guerra de preço. Com o valor agregado, criamos um vínculo emocional muito importante com o cliente. Quanto maior esse vínculo, menor a chance de ele estar predisposto a optar pelos concorrentes.

Por meio de uma pesquisa com os clientes, coletamos várias sugestões e descobrimos que eles consideravam importante que o carro de mensagens tivesse mais luz e brilho. Diante dessa informação, comecei a prestar atenção aos detalhes, tentando entender o que o consumidor realmente desejava. Lembrei que minha proposta inicial, ao montar o carro de mensagens, era vender as soluções que o cliente carecia. Após a mensagem do candidato, percebemos que seria interessante *oportunizar* ao homenageado o uso do microfone ao final da homenagem. Além de permitir o uso do microfone, decidimos adotar algumas mudanças e, com elas, nosso carro continuava sendo a maior atração em entretenimento na cidade.

Novidades adotadas

- Luz verde embaixo do carro
- Giroflex (bola vermelha usada nos carros da polícia).
- Coração vermelho com a frase "Você é especial".
- Flores, chocolates e cestas de café da manhã.
- Fantasias: palhaço, fada, Branca de Neve, Minnie e bruxa.

MENSAGEM PARA MINHA FILHA!

Quando montei o carro de mensagens, imaginei que os clientes encomendariam mensagens do tipo sentimental e melosa, cheias de elogios e coisas afins. O que eu não havia planejado era que deveria estar preparada para situações singulares.

Certo dia, entrei na loja com muita pressa. Não olhei para os lados, fui direto ao escritório. Vinha da agência bancária e estava com meu pensamento focado em números. Paty, minha funcionária, bateu na porta. Entrou e disse que uma cliente me aguardava há mais de duas horas. Queria encomendar uma mensagem para a filha, mas só a marcaria depois de conversar comigo.

Uma senhora baixinha, de cabelos roxos cortados rente às orelhas e brincos prateados longos em formato de gota, me olhava com interesse. Nas mãos, anéis de várias formas, cores e tamanhos. Uma figura bem exótica.

– Querida, você foi muito bem recomendada por uma amiga – disse ela. – Quero fazer uma homenagem maravilhosa no aniversário da minha preciosa filhinha.

– Sem problemas – respondi.

Mas pensei:

"Preciosa filhinha? Jeito antigo de se referir à filha."

– A senhora podia ter encomendando com as meninas – expliquei. – Não precisava ter aguardado tanto tempo. Elas estão capacitadas para isso.

– Não se preocupa. O importante é que você entenda que a mensagem que desejo deve ser muito especial.

– Pode ter certeza de que todas as mensagens aqui são especiais – respondi.

– Ah! Mas não como a minha – replicou com a voz cheia de orgulho.

– Muito bem. Vamos aos seus dados. Onde a senhora mora?

– Em Gravataí.

– Mas é a 120 km daqui, não é mesmo?

– Sim. Mas fica tranquila. Sei que você terá de cobrar por quilometragem rodada e dinheiro não é problema.

Ela deu uma risadinha e pousou a mão milionária em cima da minha. Retirei devagarzinho para ela não estranhar.

– Muito bem. Então qual é o nome da sua filhinha? – perguntei.

– É Cristina. Mas ela é chamada de Tininha.

– Quantos anos fará?

– Cinco aninhos. Está ficando mocinha – a senhora respondeu.

– Deve ser uma mocinha linda – comentei, tentando agradar a cliente.

– É, sim – disse com a voz cheia de orgulho. – Ela é a razão do meu viver.

– Bom, já acertamos a data, o endereço, o horário. Agora, vamos para a escolha das músicas.

– Espera... Antes de escolher as músicas quero pedir um favor.

– Peça – encorajei.

– No quadro que você vai entregar, quero que coloque o nome Tininha.

– Tudo bem, sem problemas.

– Sobre as músicas... A Tininha não gosta de músicas infantis. Ela prefere música clássica. Pode ser?

Estranhando o gosto musical da garota, preferi concordar sem questionar. Paty foi ver os CDs que tínhamos e voltou dizendo:

– Temos Ravel, Beethoven, Strauss e Mozart.

A senhora sorriu:

– Não se preocupa com isso. Trouxe comigo, num CD, as músicas de Rossini, Brams e Schubert que ela gosta. Coloquei neste papel as faixas que você deve tocar.

– *Tá* bem. Devolvo o seu CD no fim da homenagem.

E continuei a indagar sobre a decoração da festa para não destoar ou errar na cor dos balões.

– Ah! Pode colocar balões nas cores prata e roxo. São as cores favoritas da minha fofinha.

Quando ela falou fofinha, imaginei uma menina morena, gordinha, baixinha, de olhos escuros, cabelos encaracolados e sorriso travesso.

– Combinado. Mais alguma coisa que eu deva saber? – perguntei.

– Sim. Os convidados da Tininha costumam chegar no horário. Então, peço que não se atrase. Fico meio nervosa com atrasos.

– Muito bem. Só mais uma dúvida. Quantos amiguinhos foram convidados?

– Aproximadamente dez. Quero que seja uma festa inesquecível. Como se fosse um aniversário de quinze anos – respondeu ela.

– Com certeza será emocionante.

– E não se esqueça de entrar de ré no gramado – ela instruiu. – Terá um tapete roxo no chão e você se sentará na cadeira branca para fazer a homenagem.

– Não vou esquecer. A senhora pode me dizer qual mensagem escolheu entre as que lhe mostrei?

– Minha filha, quero somente essas cinco linhas desta mensagem.

Empurrou o portfólio na minha direção.

– Somente isso? – insisti.

– Sim.

– E acrescente que a homenagem é de sua mamãe do coração.

– Mamãe do coração – repeti. – Que lindo!

– Também acho. Eu digo isso desde que a adotei, sabe? Não quero ferir os sentimentos dela. Então, desde pequenina digo que sou a mamãe do coração.

– Eu também acho que não devemos esconder a adoção – comentei solidária.

– Ah! Esqueci-me de dizer que contratei um fotógrafo, alguém para filmar e um mestre de cerimônias.

– Que chique!

– Não é *chiqueza*. Quero estar livre para aproveitar a festinha da minha princesinha.

Após mais algumas recomendações, a mãe orgulhosa pagou pelo trabalho e saiu dizendo que estava feliz por ter conseguido agendar a mensagem.

Como a festa seria em uma semana, nem me preocupei em adiantar os procedimentos. No dia da mensagem da riquinha Tininha, amanheci com a garganta inflamada e febre alta. Então, solicitei à minha irmã Denise que avisasse à cliente que enviaríamos outro mensageiro. Com muita dificuldade, eu tinha convencido o meu marido Betho a fazer o trabalho. A cliente, porém, não aceitou a troca. Exigiu minha presença.

Então, lá estava eu a caminho de Gravataí. A senhora já tinha ligado duas vezes para garantir minha presença. Insistia em dizer que não aceitava um homem como mensageiro porque a Tininha poderia se assustar com a voz dele e que uma mulher era mais delicada com as palavras.

Ao estacionar na calçada, em frente à mansão de cor branca, eu vi um grande aparato armado. O tapete roxo era algo fora do comum: mais de 10 metros de comprimento entre o portão e a entrada da casa. Parecia coisa de cinema. Apertei a campainha e colocamos uma das músicas solicitadas. O portão deslizou suavemente. Logan abaixou o volume e comecei a chamar a aniversariante.

– Olá pessoal. Estamos aqui para homenagear a aniversariante deste dia. Tininha, por favor, venha aqui.

Várias senhoras surgiram no gramado, vindo em nossa direção. Cada uma com um cachorrinho nos braços. Na cabeça dos cachorrinhos, chapéus nas cores prata e roxo. Vi minha cliente com uma pequena *poodle* branca. A cachorrinha usava vestido de renda rosa e uma tiara de princesa na cabeça.

– Minha nossa! Que burra eu sou! O aniversário é da cachorra dela – eu disse.

Naquele instante, lembrei-me da cena, no balcão da loja, quando a cliente disse: "a minha filha está ficando mocinha". Pai misericordioso, como não captei a mensagem?

Olhei para trás e não vi o Logan.

"Onde será que o guri se meteu?"

A música clássica continuava tocando. Então, fui até o carro, abri a porta e encontrei o Logan, quase deitado no chão, o corpo dobrado, se matando de tanto rir. Ele ria de forma tão intensa que poderia ser ouvido. Rapidamente, inclinei-me e tapei a boca dele com minha mão. Fiz cara de brava, mas também não aguentei e caí na risada. Ainda estávamos rindo quando percebemos que a música estava chegando ao fim.

– É hora do show – falei e, com o microfone na mão, fiz menção de ir em direção à aniversariante e seus convidados.

– Mãe! – impediu Logan.

Voltei o rosto para ele.

– O que é?

Com um sorriso travesso ele falou:

– Cuida para não ter um ataque de riso.

Mostrei a língua, respirei fundo e, com um sorriso no rosto, caminhei até a cadeira onde fui orientada a me sentar e fazer o show.

Tininha, há cinco anos você veio enfeitar nossas vidas com doçura, alegria e encanto. Você é a minha princesinha. Nos momentos mais difíceis, esteve ao meu lado. Quando tive o câncer, pensar em você me deu forças para levantar todos os dias. No meu coração, sinto que é minha filha de verdade. Noto, a cada instante, o tamanho do seu amor por mim. Sem ele, eu não conseguiria seguir em frente. Só tenho a agradecer a Deus pelas criaturas que ele colocou em minha vida. E, principalmente, por você, que é minha princesinha. A minha amiga de ontem, hoje e sempre. Amamos você, queridinha. Feliz aniversário! Carinhosamente, dos teus pais, avós, padrinhos e amigos.

MENSAGEM ROMÂNTICA

Não estava escrito na testa dele. Por isso, custei a perceber a delicadeza da situação quando um senhor, de estatura mediana e farto bigode, procurou-nos para realizar uma homenagem romântica.

Sorri, cumprimentando-o e, como de costume, me apresentei. Então, perguntei:

– Qual é o seu nome?

– Josué – ele respondeu.

– Muito prazer, Sr. Josué.

Em seguida, passei a responder diversas questões sobre valores e horários. O combinado foi que entregaríamos uma cesta de bebidas e um buquê de rosas vermelhas.

– O senhor já tem a mensagem pronta ou uma ideia do que deseja dizer? – perguntei.

– Mais ou menos.

Então, por cima do balcão, ele empurrou um papelzinho na minha direção.

– Está tudo aí? – confirmei.

– Não, aqui tem uma ideia, a senhora vai ter de me ajudar.

Recolhi o papel do balcão e li os primeiros rabiscos:

"Desde o primeiro dia em que nos encontramos, eu soube que você era a pessoa certa. Ninguém me fez sentir tão feliz e especial. Hoje, sou uma pessoa com o coração cheio de luz. Você, meu amor, me transformou, fez de mim uma pessoa melhor..."

– *Tá* meio fraquinho, não é? – ele interrompeu. – Dona... Dona...

– É Vânia. Sim, tenho de concordar, mas o senhor não me leve a mal. Sei que a mensagem veio do coração. O senhor deve amar muito a sua mulher. Ela deve ser uma pessoa muito especial.

O homem passou a mão no bigode e permaneceu calado.

Meu olhar encontrou o dele.

– Sua namorada?

Ele mordeu a ponta da unha e recolheu o papelzinho que eu havia depositado outra vez no balcão.

– Sua... o que quer se seja – reafirmei. – Afinal, aqui nós vemos de tudo e não temos preconceito. Só diga o nome da garota.

Ele deu uma tossidela e falou:

– O nome é *Gabriel.*

– Gabrielle com dois eles ou um? Tenho de escrever o nome corretamente por causa da impressão do quadro

– *Hum*, a senhora é que não me entendeu.

– Como assim? Não é Ga-bri-e-le?

– A senhora continua sem entender.

– Entendi, sim – insisti. – Tá aqui... Óó... Um ele só.

O homem espiou a planilha.

– Vejo que a senhora não entendeu mesmo.

– São dois então?

– São dois *homens*, minha senhora. Estou mandando a mensagem para o Gabriel. Entendeu agora? Ou quer que eu desenhe?

Plim! Finalmente minha ficha havia caído. Entendi.

Reli, de relance, as duas primeiras linhas da mensagem: "Desde o primeiro dia em que nos encontramos, eu soube que você era a pessoa certa".

– Fica tranquilo, sem problemas – reafirmei. – Então o nome do seu namorado é Gabriel, não?

– Sim.

– Josué – continuei. – Para que eu consiga atingir o objetivo de emocionar, é importante que eu saiba como é a pessoa que receberá a homenagem. Então, me conta um pouco sobre o Gabriel. Ele é uma pessoa emotiva, mais delicada ou é do tipo racional e durão?

– O Gabriel é uma pessoa mais racional, mas entre quatro paredes é totalmente emoção – confessou.

– Ótimo. É exatamente o tipo de informação que necessito. Tenho aqui um modelo de mensagem que acredito ser o ideal – puxei o portfólio da gaveta abaixo do balcão e fui direto à página do meio. Mostrei a mensagem que achei que agradaria um tipo como o Gabriel. – Leia e misture com a sua, se quiser.

– Está certo, dona Vânia.

Minutos depois de finalizada a negociação, José saiu da loja com um sorriso no rosto. Acredito que pelo respeito com que tratei o relacionamento dele. Aquela acabou sendo a primeira de muitas homenagens que fiz para o casal.

Meu Amor Gabriel

Desde o primeiro dia em que nos encontramos,
eu soube que você era a pessoa certa para mim.
Até encontrá-lo...
Ninguém havia me feito sentir tão feliz e especial.
Hoje, sou uma pessoa com o coração cheio de luz.
Você, meu amor, me transformou.
Hoje, sou alguém melhor.
E...
Neste dia tão especial para nós,
Preciso dizer o quanto você significa.
Onde quer que eu esteja,
você está sempre comigo.
Mesmo que seja só no meu pensamento.
Se não tivéssemos nos encontrado,
eu ainda estaria procurando minha felicidade
Feliz aniversário de união!
Que a vida nos permita estar juntos por muitos anos
Trocando amor, carinho e cumplicidade.
Te amo e amarei para todo o sempre...
Eternamente seu...
Josué

SAIA JUSTA: MENSAGEM PARA O AMOR

Em nosso portfólio impresso, tínhamos mais de sessenta modelos de mensagens. Dentre elas, oito me fascinavam. Já tinha decorado a sequência das frases e conseguia entoá-las de cor.

Certa vez, uma professora de uma escola da cidade vizinha, ligou-me para fazer uma homenagem bem romântica para o namorado, no aniversário dele. A cliente solicitou que eu enviasse três mensagens diferentes por e-mail. Enviei. Recebi o retorno em algumas horas. A mensagem escolhida deveria ser apresentada dali a dois dias, por volta das vinte horas. Ela me enviaria o endereço por celular, meia hora antes, porque não tinha certeza de onde seria a comemoração com os amigos. Não estranhei, pois lidava com as mais diversas situações. Porém, exigi depósito antecipado.

Confirmado o depósito, no dia seguinte, dei início aos preparativos. A cliente ligou mais duas vezes confirmando tudo.

Na noite da homenagem, dirigimo-nos para a cidade, distante aproximadamente 22 km da nossa. Durante o trajeto, recebi o endereço por mensagem de celular. Ao nos aproximarmos da residência, percebi um carro de mensagens homenageando o aniversariante.

Estacionamos a uns 150 metros da casa, aguardando a finalização da homenagem para depois nos aproximarmos. Dentro do carro, observei o trabalho do concorrente e também procurei identificar quem era o aniversariante no meio de um grupo com cerca de trinta pessoas na sacada da casa. Não consegui visualizar nem sequer uma pessoa sozinha. Identifiquei somente casais.

Ops! Como se um raio tivesse me atingido, um pensamento surgiu em minha mente: "*Hum.* O aniversariante é casado. Não acredito! Não é possível! Que fria eu fui me meter? Aquela safada me colocou numa saia justa. O que vou fazer agora? Vou embora? Mas eles já viram o carro! Fica complicado sair."

Meu coração acelerou, as mãos tremiam. Comecei a suar frio. Respirei fundo e tomei uma decisão:

– Filho, onde estão os CDs? Nós vamos mudar as músicas.

Ele, sem entender, disse:

– Por quê, mãe? Não pira, já organizei tudinho.

– Olha lá para cima. Quem daqueles homens você acha que é o aniversariante? Eu aposto que é aquele que está abraçado na mulher gordinha.

– Capaz, que é isso? *Tá* ficando biruta, mãe?

– Pelo amor de Deus, Logan. Observa com cuidado.

Passados alguns minutos, Logan se virou para mim e disse:

– O pior é que acho que você tem razão, mãe. O que a gente vai fazer? Ainda bem que temos tempo.

– Vamos fazer o seguinte, troca os CDs de música romântica por alegres e dançantes. Não vou entregar o quadro com a mensagem. Direi que o chuvisqueiro manchou o quadro e que entregarei outro dia.

– Mas que mensagem a gente vai apresentar, mãe?

– Não se preocupa. Coloca as músicas, farei a mensagem no improviso. Vou falar como se um grupo de amigos tivesse enviado a mensagem. Se perguntarem, digo que não sei os nomes. Pronto. Daí, não pagamos mico e também não deixo de fazer o trabalho. Mas a professora vai ouvir depois.

Respirei fundo tentando me acalmar. Quando o concorrente se retirou, liguei o carro e fui fazer a homenagem da melhor maneira possível, mesmo com o coração apertado de aflição.

Tudo correu de forma normal. Como não era esperado um quadro, a falta dele não afetou o trabalho. O improviso é que foi meu teste de fogo. Precisei buscar na mente palavras que não comprometessem a situação e focar no plural, já que eu disse que se tratava da homenagem de um grupo de amigos. No fim, fui eu que banquei a nervosa porque o homenageado e os convidados nada perceberam.

Ao sair da residência, em direção à minha casa, resmunguei que prometendo a mim mesma que nunca mais cairia numa cilada daquelas.

– Mãe, não vai brigar com ela. Não é você que sempre diz que o cliente tem sempre razão?

– Sim, o cliente sempre tem razão. Pela forma como ela contratou o serviço, eu deveria saber que algo estava errado. Entretanto, se eu soubesse, não teria aceitado o trabalho. E, neste caso, ela agiu de má fé.

Parecendo ter adivinhado o que falávamos, a cliente ligou no meu celular. Fui educada, mas firme ao chamar a atenção dela. Disse que jamais teria feito a homenagem se soubesse que ele era amante dela.

– Eu tinha certeza disso, Vânia. Por isso, não contei.

– Estou chateada – reclamei. – Nada justifica o que você fez. Saiba que mudei a mensagem e também não identifiquei o autor.

– Aceita meu pedido de desculpas, a ouvi dizendo.

Desliguei o celular com um nó na garganta. Em minha vida, procuro sempre me colocar no outro lado da questão. Imagina se eu fizesse a homenagem romântica e a esposa quisesse saber a procedência, a autoria da homenagem. Ela poderia ter armado um barraco e, como estava grávida, até passar mal. Que vexame! Minha intuição me salvara de uma sinuca de bico.

Mensagem contratada:

"Minha Vida! Gostar é um ato natural do ser humano. E quando gostamos de alguém, procuramos fazer o melhor para esta pessoa. Estamos quase sempre juntos, dividindo a vida e momentos que considero importantes e preciosos. Neste dia especial, eu também o acompanho porque amo você demais. Por amá-lo tanto, pensei: por que não expressar meus sentimentos no seu aniversário, meu amor? O meu maior desejo é estar sempre ao seu lado. Oferecer-lhe todo o carinho que posso, todas as alegrias deste mundo, tudo o que a vida permitir que eu lhe dê. O dia de hoje é importante porque você existe. Você me faz crer no amanhã e no amor sincero. A você, querido, os meus parabéns. Com grande carinho e ternura imensa. Parabéns, meu amor. Feliz aniversário."

Mensagem entregue:

"Hoje tem cheiro de emoção no ar. Tem também uma canção sendo entoada no coração de alguém muito especial. Esse alguém é você. Nosso coração se alegra por partilhar de sua felicidade. Hoje é seu aniversário e poderíamos tê-lo enchido de presentes na ilusão que isto o faria mais feliz. Muito mais feliz! Mas em nossos corações sabemos que a verdadeira felicidade não está naquilo que o dinheiro pode comprar, como riquezas e joias. Ou no que a traça pode corroer com o tempo. Ela está nos desejos e realizações. Que as alegrias desta data possam perdurar pelo decorrer do ano. Que você esteja sempre rodeado de parentes e amigos. E que você possa comemorar seu aniversário, sentindo o quão importante é para todos. São os votos daqueles que te admiram e desejam momentos maravilhosos a você. Feliz aniversário, amigo. Tudo de bom, hoje, amanhã e sempre."

PEDIDO DE PERDÃO

Trabalhar com o ser humano é uma viagem constante ao desconhecido, um mergulho profundo em águas escuras. Portanto, é necessário estar preparado a todo o momento para o inusitado.

Certo dia, uma mulher, vestida dos pés à cabeça de preto, chorando, irrompeu na loja.

– Com quem falo para conseguir uma mensagem para esse momento?

– Não sei se é possível – respondeu minha funcionária.

– Como não? É uma mensagem simples, nem precisa dos balões ou do quadro.

– Minha senhora, precisamos de certo tempo para organizar as mensagens ao vivo.

– Não me interessa o quanto vai custar – insistiu ela. – Quero a mensagem agora. Com quem devo falar, menina?

– Veja bem, vou chamar a patroa. Ela é quem faz o serviço de mensagens e poderá prestar mais informações.

– Vá... Vá logo. *Tá* perdendo tempo.

Patrícia me procurou no escritório. Pela forma de gesticular e falar, percebo que ela não gostou da atitude da cliente.

– Vânia, tem uma mulher na loja que deseja uma mensagem para este exato momento. Eu disse que não daria por causa do tempo necessário para elaborar tudo, mas ela insiste em falar contigo.

– Obrigada, Patrícia. Pode deixar comigo.

Ao chegar à recepção, vi a cliente caminhando de um lado a outro. Estava agitada e bastante nervosa. Parecia ter dificuldades em se manter em pé. Quando me viu, veio em minha direção e falou:

– Você tem de me salvar.

– Calma senhora. Qual é seu nome?

– É Edina. Preciso de uma mensagem para daqui uma hora – disse ela.

– Muito prazer. Sou a Vânia. Por que você está com toda essa pressa?

– E importante e urgente. Não tem como ser diferente.

– Entendo... Mas para quem seria a homenagem?

– Para minha mãe.

– E ela está aqui, na cidade?

– Está perto. Mas se você não for fazer, fala logo. Vou procurar outro serviço de mensagem.

– Não é o caso de querer ou não fazer. Temos de preparar certas coisas como imprimir a mensagem, fazer o quadro, encher os doze balões, escolher as músicas...

– Não preciso da maioria dessas coisas.

– Por que não? Não podemos fazer uma homenagem meia boca. Fica mal para a empresa.

– Filha, eu já falei. Não precisa de nada disso. Você tem uma mensagem bem bonita de pedido de perdão?

– Tenho sim.

– Posso ver?

– Só um minuto.

Busquei o portfólio. Voltei ao balcão. Abri na página com mensagens para as mães.

– Não é aniversário – ela disse, olhando os títulos que eu mostrava.

– Ah! É um pedido de perdão.

– Isso – confirmou.

– Para acertar o coração da sua mãezinha, tenho de saber o nome dela e um pouco da personalidade.

– O nome dela é Osvaldina. Quero que ela e minha família saibam que estou arrependida.

– *Tá* bom. Vamos escolher a mensagem.

Ela passou a virar as páginas do portfólio freneticamente. Eu não conseguia entender o motivo.

"Talvez esteja profundamente arrependida e necessite do perdão imediato da mãe", pensei.

– Nada disso serve – ela bufou.

– Então, acho que a senhora terá de me contar um pouco mais sobre o pedido de perdão.

Ela suspirou.

– Há alguns anos discuti com minha mãe e saí de casa. Hoje sei que ela estava certa, mas meu orgulho nunca deixou que eu voltasse antes para conversar com ela.

Enquanto ela me explicava a situação, eu rabiscava numa folha de ofício algumas frases. Então, perguntei:

– O que acha de colocarmos algo assim: Querida mãe, quero que saiba que eu entendo que não fui uma filha exemplar. Não ouvi você. Afastei-me por raiva e orgulho e reconheço que meu erro nos separou.

– Está ótimo, continua – disse ela.

– E neste dia, em especial, quero que saiba...

– Não! Não! Para – ela interrompeu.

– Não gostou?

– Tira a frase "neste dia em especial".

– Por quê? É comum dizermos esta frase, mesmo que não seja um aniversário. Um pedido de perdão verdadeiro não deixa de tornar um dia especial. Entretanto, se a frase não ficou boa, mudamos.

Continuei a escrever e ler em voz alta:

– Durante sua ausência em minha vida, percebi o valor incalculável do amor materno. E o perdi por birra, arrogância e vaidade.

– Ficou melhor – argumentou ela.

– Hoje vejo que sofri, aprendi e amadureci durante o nosso afastamento...

– Está ótimo, continua.

– Hoje a ficha caiu e peço perdão. A dor que sinto é imensa, o remorso, maior. – Parei, então, sugeri: – Para não ficar tão meloso, o que achas de finalizarmos dizendo: Mãe, peço a você que venha aqui me dar um abraço de perdão.

Ela não respondeu, ficou em silêncio e começou a fungar. Buscou na bolsa um lencinho para secar as lágrimas. Eu pense: "Puxa quanto carinho pela mãe. Por que será que ela não pediu este perdão há tempos?".

– Olha moça – ela disse por fim. – Vai ter de mudar a última frase. Minha mãe não tem como me abraçar.

– Não tem problema. Você pode ir até ela e abraçá-la. Vai dentro do nosso carro e sai no fim da mensagem. Fica muito emocionante.

– *Hummmm.* Acho que não vai dar.

– Não tem como você ir conosco?

– Não. Estou impedida pelos meus irmãos de chegar perto dela.

– Tudo bem. Nós faremos isso por você. Ela está numa cadeira de rodas?

– Não.

– Acamada?

– Filha, minha mãe morreu e quero que você faça a homenagem no velório dela.

Arregalei tanto os olhos que eles poderiam ter saltado das órbitas.

– Não! Nossa! Nunca fiz isso – falei. – Desculpa, mas não vai dar.

Ao ouvir minha negativa categórica, ela voltou a chorar. Um pranto convulsivo que parecia não ter fim. Solicitei à minha funcionária que trouxesse um copo de água com açúcar. Depois de tomar a água, com a voz chorosa, pediu:

– Por favor. Pago o valor que for, mas não me nega esse trabalho.

Encurralada, coloquei a mão na testa, demonstrando meu dilema. Respirei fundo e perguntei:

– A que horas a senhora pretende que façamos a homenagem?

– Às onze, se puderem. O enterro é ao meio-dia.

– Está bem. A senhora me convenceu... Vou fazer. Mas tenha a certeza de que chorarei muito. Nem sei se consigo fazer isso. É uma coisa que nunca fiz.

– Ah! Você foi bem recomendada. Tenho certeza de que dará conta.

– Então vamos continuar com a mensagem. Podemos continuar assim: Mãe, o tempo passou e, infelizmente, só hoje percebi que é tarde demais. A vida levou você antes do que eu esperava. Gostaria que Deus me concedesse apenas uma graça. Voltar no tempo. Sei que é impossível. Perdi a chance de receber seu abraço. Saiba que sua presença em minha vida nunca se apagou. Mãe, nunca mais verei seu sorriso. Nada vai apagar a dor que sinto. Mãe, tenha a certeza de que te amei. Perdoa esta filha ingrata.

Assim ficou concluído o texto da mensagem para dona Osvaldina. Após o acerto de alguns detalhes, iniciamos o processo de organização da inusitada homenagem. Uma das músicas escolhidas foi *Mamãe,* de Agnaldo Timóteo.

A cliente não poderia estar presente no funeral. Pensei no quanto ela teria magoado a família. Como não me contou, meus pensamentos imaginaram muitas possibilidades.

Ao chegar à capela mortuária, local do velório, não conseguimos estacionar em frente ao portão, porque o carro fúnebre já estava lá. Fui falar com o responsável. Expliquei que precisava do espaço por dez minutos. O motorista disse que não tiraria sem autorização da família. Recomendou que eu procurasse o João, filho da defunta, que estava como responsável. Contrariada, procurei o irmão da minha cliente. Expliquei a situação. Ele rechaçou a homenagem.

– Não senhora. Não permito que façam do velório de minha mãe um circo.

– Senhor! Por favor, ouça. Sua irmã está muito arrependida e deseja fazer uma última homenagem. O que prejudicaria? Garanto que nada.

– Não. Não permito de forma alguma.

Então, saiu furioso.

Dei um tempo do lado de fora da casa mortuária. Cheguei a dar alguns passos em direção à saída. A cada passo que dava, a imagem de Edina chorando invadia meu pensamento. Assim, tomei uma decisão, voltei e me aproximei do caixão. Fiz o sinal da cruz. Peguei nas mãos geladas e comecei a falar alto. Como se estivesse numa conversa com a defunta.

– Dona Osvaldina, tenho certeza de que a senhora foi uma mãe exemplar.

Neste instante, João, sentado num banco perto do caixão, se levantou bruscamente.

"*Hiiii*!", pensei. "É hoje que serei escorraçada daqui."

Mas continuei falando:

– Eu soube que você passou a vida tentando colocar os filhos na direção do que acreditava ser certo.

Pelo rabo do olho pude ver uma mulher segurando o braço do João.

"Ufa! Acho que me salvo dessa maluquice", pensei

– Dona Osvaldina, estou aqui para entregar um pedido de perdão, mas estou sendo impedida. Alguém acha que não é conveniente. Acredito que, onde a senhora estiver, gostaria de ouvir as palavras de uma filha arrependida.

Ouvi um burburinho perto de mim, olhei para o lado direito e vi uma mulher se aproximando.

– Moça, você disse que tráz uma mensagem da nossa irmã?

– Sim – respondi. – Se me permitirem prometo que não demorará mais de quinze minutos.

João, do outro lado, começou a contestar:

– Não, irmã. Não deixa o velório de nossa amada mãe virar uma palhaçada.

– Calma, João. Todo mundo sabe que a Edina fez muita besteira, deu muita dor de cabeça, mas a gente não pode impedir que ela se despeça. Não concordo com sua decisão de impedir que ela viesse hoje.

– Mas... Nem você sabe dela.

– Sim. Também não quero que ela nos machuque de novo. Porém, não serei desumana a ponto de impedir que ela mostre arrependimento. Mesmo que você não concorde, agora eu decido. A moça vai fazer a homenagem.

E virou para mim:

– Você tem quinze minutos. Faça rápido porque o padre está esperando para irmos ao cemitério.

– Obrigada. Por favor, peça ao carro funerário que ceda um espaço – pedi.

– Já falo com ele.

A mulher saiu em direção ao carro fúnebre, que cedeu espaço ao nosso carro, e pudemos entregar a homenagem.

Confesso que ao ler as últimas frases, chorei. Lamentei pela desunião daquela família, pelo tempo perdido e pela falta de perdão. O perdão poderia mudar a vida deles. O rancor faz mal, primeiro para a pessoa que o carrega, depois, para a pessoa a que é direcionado.

Meu coração se encheu de tristeza pela senhora curvada feito cipó. Ela estava parada a um quarteirão do local. Acompanhava sem, no entanto, criar coragem de se aproximar.

3º Ano

Incrementando inovação

A ESTREIA DE SARITA

Trabalhar com emoção requer pessoas abertas a mudanças e sem preconceitos. A busca por aperfeiçoamento e inovações era uma constante na minha rotina de trabalho.

Depois de três anos de atividade, eu compreendia que de tempo em tempo era necessário inserir algumas melhorias e novidades, vital para permanecermos competitivos.

Eu estava sempre atenta ao que os concorrentes faziam. Ao mesmo tempo, procurava ouvir todas as solicitações de meus clientes. Por isso, percebi uma oportunidade de ouro quando um determinado cliente perguntou:

– Tem algo diferente para uma homenagem de telemico?

– O que deseja de diferente? – perguntei.

– Sei lá. Uma *drag queen* ou algo do gênero.

– No momento não tenho. Mas como sua mensagem é no fim de semana, posso conseguir. Já me ocorreu alguém ideal.

– Perfeito – disse ele, sorrindo. – Sabe? Somos seis amigos de longa data. O André vive aprontando conosco e agora queremos sacaneá-lo. Nós vamos fazer de conta que escolhemos uma namorada para ele.

– O que pretendem?

– Depois da leitura da mensagem, coloque uma música romântica. A *drag* sai do carro para beijar o André.

– *Xiiiii*. Será que ele vai se deixar beijar?

– Não se preocupa. Nós vamos segurá-lo para receber o beijo.

– Terei de ver se consigo organizar tudo do jeito que vocês querem. Deixa um telefone para que eu possa ligar.

– Aqui está. Aguardamos sua confirmação.

– Combinado – respondi.

Ao mesmo tempo em que negociava com o cliente, pensei num rapaz de, mais ou menos, um metro e oitenta que circulava pela nossa praia com roupas femininas. Ele era conhecido pelo apelido de Sarita. Usava batom e brincos longos. Pelo que eu sabia Sarita tinha alguns problemas de ordem emocional. Não era agressivo, ao contrário, era uma pessoa alegre e brincalhona. Valia a pena conferir.

No mesmo dia, procurei o rapaz na casa dele. Como sabia que ele não tinha controle sobre as próprias ações, conversei com a mãe. Expliquei a ela o que pretendia e o quanto o trabalho renderia. Sarita estava presente e bateu palma, demonstrando alegria quando a mãe autorizou a participação nas minhas homenagens.

Para dar mais *glamour*, bolamos uma indumentária especial para Sarita. Comprei vários tecidos com brilho e com o auxílio de uma costureira fizemos três trajes diferentes. O primeiro conjunto a ficar pronto, era um bustiê com um *short* curto na cor verde-limão. O segundo, uma saia amarela com franjas vermelhas, bustiê do mesmo tecido e com enchimento. O terceiro modelo era igual ao segundo, mas na cor azul. Não me esqueci dos brincos, pulseiras e adereços.

Ao receber minha confirmação da participação de Sarita, o cliente encomendou o telemico.

Tudo organizado, na data e hora combinada, chegamos ao local. Uma casa repleta de convidados esperava a mensagem ao vivo. Iniciamos com as músicas solicitadas. Depois, fizemos a leitura da mensagem:

– Caro André, hoje é seu aniversário e nós, seus amigos de infância, resolvemos homenageá-lo de forma diferente. Estamos todos casados ou amarrados e você é o único da turma que não está namorando. Sabendo como é lento nas decisões, resolvemos arrumar uma parceira para você. Não queríamos qualquer pessoa. Deveria ser alguém especial. Iniciamos um lento e penoso processo seletivo. Listamos todas as qualidades que ela deveria ter para ficar ao seu lado, sempre. Foi duro, trabalhoso, mas conseguimos. Sabemos que nossa escolha o agradará. Amigo, por seres uma das pessoas mais alegre e espirituosas que conhecemos, esta é a pessoa certa.

Nesse momento, a música mudou e uma melodia romântica passou a tocar. Os rapazes se aproximaram de André e Sarita saiu do carro. Num primeiro momento, André não percebeu do que se tratava, mas quando viu Sarita, tentou fugir. Os amigos o seguraram. André gritava desesperado:

– Soltem-me! Soltem-me!

Em desespero, conseguiu se soltar e saiu em disparada. A Sarita corria no encalço de André. Enquanto isso, os convidados se acabavam de tanto gargalhar. A cena era digna de um filme: Sarita, em sua roupa brilhosa, correndo atrás do André. Ele dando voltas no gramado para fugir do assédio. Em dado momento, André não teve mais escapatória. Um muro alto impediu a fuga. Ele encostou as costas na parede e passou a gritar de forma descontrolada:

– Sai de perto de mim.

– Calma meu bem. É só um beijinho – disse Sarita.

– Não chega perto!

André agitava o punho na direção de Sarita.

Os convidados começaram a instigar, ainda mais, Sarita que estava visivelmente feliz com a algazarra reinante.

– Beija. Beija. Beija – gritava a galera.

– Não vem não! Sai daqui – pedia André.

– Um beijinho só – dizia Sarita, sorridente.

– Sarita! Sarita! – os convidados incentivavam.

Preocupada com um possível desfecho trágico, soltei o microfone e caminhei em direção aos dois com a intenção de interferir. Meu medo era que houvesse uma agressão. Aproximei-me de Sarita e do aniversariante. Quando estendi a mão para pegar Sarita pelo braço, André se desencostou do muro e avançou. Parou em frente à Sarita.

André, ofegante, olhou para os presentes como se estivesse desafiando cada um. Depois, focou os olhos em Sarita. Com as duas mãos, pegou o rosto e o beijou na boca.

Sarita, sem entender o que estava acontecendo, deu um passo para trás e pôs as mãos no peito de André, empurrando-o. Tentava se desvencilhar. Sem conseguir, levantou os braços e se rendeu ao beijo inesperado.

O silêncio foi mortal.

– Filhoooooo! – disse a mãe de André com a voz trêmula.

Passados alguns instantes, André se afastou de Sarita. Sacudiu a cabeça como se quisesse se livrar de um mosquito. Virou-se para a família e amigos:

– Bem pessoal, já que vocês fizeram esta surpresa, resolvi me assumir.

– Que delícia – exclamou Sarita, sorrindo extasiado.

– Que merda é essa? – um dos rapazes indagou.

– Pessoal, até hoje, não tinha tido coragem de revelar meu verdadeiro eu. Peço que, aqueles que forem meus verdadeiros amigos, respeitem e aceitem.

Sem palavras, eu me aproximei de André e o abracei. Entreguei o quadro e saí com Sarita em direção ao carro, onde Logan nos esperava para irmos embora.

HOMENAGEADO NO BANHO: CONFUSÃO À VISTA

A rotina de trabalho com o carro de mensagens nos fins de semana estava num ritmo acelerado. O agendamento das homenagens ocorria de meia em meia hora. Geralmente cumpríamos os horários à risca. Um atraso no início da noite significaria grandes problemas. Em uma noite, agendávamos de seis a oito mensagens, se a primeira atrasasse, as outras também atrasariam e isso significava clientes pedindo explicações.

Então, nosso calcanhar de Aquiles era fazer o cliente entender a importância do cumprimento minucioso do horário. Cada minuto que conseguíamos otimizar significava mais satisfação para todos.

Porém, é importante salientar que pontualidade não dependia somente de nós, prestadores do serviço, ela envolvia o contratante, os convidados e também o homenageado.

Certa noite, agenda lotada, e o homenageado das 20h30 estava no banho no momento em que deveríamos chegar à casa dele. Era uma homenagem surpresa. Conforme o combinado, eu deveria aguardar na esquina da rua em que eles moravam. A mãe, autora da mensagem, daria o sinal para eu avançar até a casa deles e iniciar a festa. Chegamos no horário. Liguei para o celular da contratante e caiu na caixa de mensagens.

Tentei duas vezes e nada. Comecei a me preocupar. Disquei mais uma vez, mas foi para caixa postal. Dei mais alguns minutos e, com a planilha no meu colo, voltei a digitar o número.

Meu filhou disse:

– Mãe, não precisa ficar digitando, é só rediscar.

– Pode ser que eu tenha errado o número – argumentei. – Não, não está atendendo. Ai meu Deus e agora?

Durante os quinze minutos seguintes, repeti a operação por diversas vezes. Fiquei preocupada. Saí do carro e me aproximei dos convidados. Expliquei a situação, salientando que não poderia esperar mais, criou-se um alvoroço entre eles.

– Você não pode ir embora. É uma homenagem surpresa – disse uma senhora pequena e magrinha de mãos agitadas. – A mãe do fulano está na padaria. Foi buscar doces e salgados. Ela já vem.

– Não posso esperar tanto, senhora. Tenho uma mensagem para daqui quinze minutos. Terei problemas se não cumprir o horário.

– Filha, fica calma. João, meu filho, está ligando para a padaria.

Um homem se aproximou de nós com o celular no ouvido:

– O.k. vou falar para a moça da mensagem – e virando-se para mim:

– Ela pediu para você esperar só mais um pouquinho. Já está chegando.

– Vou esperar mais cinco minutos. Se ela não vier, vou embora porque não posso atrasar a próxima homenagem.

Dez minutos depois, a mãe do homenageado veio correndo na direção do nosso carro. Encostou-se à janela e falou como se tudo estivesse certo:

– Já organizei tudo. Daqui a alguns minutos vocês já podem começar.

– Estamos de saída – expliquei.

Ela me ignorou.

– Meu filho está no banho. Logo começamos.

– Senhora, nós temos uma agenda lotada e nossos próximos clientes serão afetados pelo atraso. Quem sabe cancelamos a homenagem?

– Não mesmo! – ela gritou. – Se você tem outros clientes para atender, eu não tenho nada com isso.

– A senhora é que não está bem lembrada de que combinamos um horário e ele não está sendo cumprido. Não posso esperar a noite toda.

– Então, vá fazer a outra mensagem e volte em meia hora.

– Não posso, tenho outras mensagens agendadas depois desta. Todas ficam no sentido contrário. Perderei muito tempo indo e vindo.

– Então, vai esperar o meu filho sair do banho. E, bem quietinha – replicou de maneira desaforada, apontado o indicador no meu nariz.

– Dona fulana, imagine que a senhora é a próxima cliente. Como se sentiria aguardando a homenagem que não chega? Tenho certeza de que não iria gostar.

– Não vou me colocar no lugar de ninguém, queridinha. Paguei pela homenagem e quero seja feita do meu jeito.

– Pagou para que o serviço fosse realizado às 20h30, não às 21h30 – enfatizei.

– Atrasos acontecem. Tenha santa paciência. Ou quer que eu fale para todo mundo não contratar seu serviço.

Dessa vez, me enfureci, bati a mão na planilha em meu colo. Se alguém pudesse tirar uma foto do meu semblante, captaria, com certeza, uma raiva incomum em mim.

– As coisas não funcionam como a senhora quer. Sinto muito, mas vou embora. Devolvo seu dinheiro amanhã.

Ela arqueou a grossa e mal desenhada sobrancelha, abriu a boca, mas não esperei pelo que viria. Saí do carro e fui ao porta-malas do carro retirar os balões. O Logan me ajudou. E quando estávamos colocando tudo no banco de trás, vi a cliente e os convidados virem em nossa direção.

– Mãe entra no carro – gritou Logan.

– De jeito nenhum.

Logan me empurrou para dentro e iniciou a manobra para sair. Em poucos segundos, mais de vinte pessoas nos cercaram, impedindo nossa saída do local. A cliente parou na janela do carro, colocou as mãos na cintura, levantou o queixo, empinou o nariz e, como se fosse um comandante do exército, gritou:

– Você não sai daqui.

– É melhor eu falar com eles – eu disse a Logan.

– Mãe, você acha que tem três metros de altura e cento e vinte quilos para enfrentar essa gente toda?

– Não tenho três metros, nem sou a mulher maravilha. Estou com a razão e com raiva.

– Mãe, você tem um metro e meio e nem por sonho vai enfrentar essa galera.

– Vou sair. Fica aqui.

– Não faz uma coisa dessas, mãe. Você não sabe que tipo de gente é esse. Eles podem nos machucar e até roubar nosso carro.

Não escutei o Logan. Com uma coragem que superava minha raiva, baixei o vidro. Um dos convidados disse:

– Olha moça, ou você faz a homenagem numa boa, ou vai sofrer as consequências.

– Que consequências? O senhor está me ameaçando?

– Sei lá... Seu carro pode até sofrer alguns arranhões. O pessoal é meio esquentado, dona. É a última chance, pegar ou largar. Por bem ou por mal.

"Ai meu Deus, e agora? O que fazer?"

Rilhei os dentes enquanto decidia. Sob pressão e com medo do que pudesse acontecer, cedi.

– Vou fazer o seguinte: se nossos próximos clientes não se importarem com o atraso, vou fazer o trabalho. Contudo, se eles não concordarem, nada poderei fazer. O cumprimento do horário é nossa meta primordial. Quero alguns minutos para contatá-los.

Fechei o vidro e virei para meu filho. Algo me fez abraçá-lo.

– Não acho que eles tenham razão, mãe. Não é justo. Mas, se você decidir fazer a mensagem, estou dentro.

– Obrigado por compreender a situação, filho.

Comecei a ligar para minha lista de clientes para avisar que haveria atrasos. Passados mais de dez minutos, e depois de várias desculpas, iniciamos a manobra para fazer a tão difícil homenagem. Este seria meu maior desafio. Fui obrigada a sorrir e dar o melhor de mim, quando meu interior queria explodir de raiva. Cheguei perto dos convidados, já mais calmos. Identifiquei o aniversariante e comecei a ler a mensagem. Minhas mãos tremiam tanto que deixei cair o microfone. Um barulho ensurdecedor.

– Desculpem. Abaixei-me, peguei o microfone do chão e voltei a falar.

"A emoção de ter o primeiro filho, de ouvir o primeiro choro e saber que era um menino foi enorme. Uma emoção difícil de explicar. Você era um bebê lindo, gordinho, de cabelos pretos. A primeira palavra foi mãe. Desde pequeno, você foi um garoto bondoso, arteiro e peralta. Quando começou a ir para a escola, foi muito difícil ficar longe por quatro horas seguidas. Amado filho, sei que sou briguenta, rabugenta e muito ciumenta, mas é porque quero o seu bem e a sua felicidade sempre. Desde que soubemos do seu problema cardíaco, passamos a superprotegê-lo. Você me pede para não sufocá-lo. Estou tentando, filho. Eu e a sua irmãzinha o amamos muito e temos certeza de que seu pai, onde estiver, está muito feliz por você ter completado 25 anos de vida. Saiba que confiamos que você terá um belo futuro. Todos nós sabemos que você é capaz e que vai tomar sempre as decisões certas. Mas, se em algum momento, você se ver rodeado de dúvidas. Sua irmã e eu estaremos aqui. Neste dia, sinta a magia de ser um jovem muito amado! Que seu aniversário proporcione muitas alegrias. Filho, você é maravilhoso e também muito especial. Enche de felicidades nosso coração. Feliz Aniversário!"

Minutos após os convidados cantarem parabéns, fui até o aniversariante e entreguei o quadro e os balões. Ele se afastou de uma moça e cochichou no meu ouvido:

– Muito obrigado pela linda mensagem. Gostei demais.

– Que bom. Lamento dizer que não foi uma das melhores porque tivemos alguns problemas.

– Sim, aproveito para pedir desculpas por ter demorado tanto no banho e pelo destempero da minha mãe. Ela é muito protetora porque tenho sopro no coração. Às vezes, ela extrapola. Sai fora da casinha.

– Tudo bem. Deixa pra lá. Mais uma vez, parabéns.

– Espera moça! Quero explicar porque demorei no banho. É que sou mecânico e hoje foi um dia daqueles. Minhas mãos e unhas estavam muito sujas de graxa. Eu estava tentando deixá-las bem limpas e bonitas por causa do meu aniversário. Afinal, consegui chegar aos 25 anos.

– Tudo bem, eu entendo.

– Não, você não imagina o quanto esta noite é importante. Sou apaixonado há, pelo menos, três anos por aquela moça de jeans e blusa preta. Até hoje, nunca tive coragem de chegar nela por vergonha da minha profissão. Achei que levaria um fora. As palavras da homenagem me encheram de coragem. Há poucos minutos a convidei para sair. Ela aceitou.

– Que coisa boa! – respondi. – Parabéns pela coragem.

– Vocês têm grande parte na minha felicidade. Obrigado.

– Que bom proporcionar essa alegria. Vá curtir sua noite especial.

Em seguida, abracei o jovem com muito carinho, desejando de coração tudo de bom para ele. Saímos em seguida.

– E aí, mãe? Deu um abraço na mãe do aniversariante como costuma fazer?

– Olha bem para mim. O que você acha?

– Abraçou?

– Não. Meu eu não permitiu – respondi.

MENSAGEM SEGUINTE: O BÊBADO

Nas quatro mensagens seguintes à do rapaz com sopro no coração, nada excepcional aconteceu. Porém, na última mensagem da noite tudo mudou.

Chegamos 1 hora da manhã na casa do homenageado, sendo que a mensagem estava marcada para as 23 horas. Paramos o carro a uma quadra de distância e vimos que estava rolando uma festa temática. No gramado da residência, os convidados vestiam sarongues coloridos e usavam coroas de flores na cabeça, dançando ao embalo de música Caribenha.

"*Melhor*", pensei aliviada.

Mal sabia o que estava por vir. Assim que nos aproximamos com o som a todo volume, a música na casa foi desligada. Os convidados foram se aproximando. Saí e chamei pelo aniversariante. Enquanto ele não aparecia, usei o microfone para pedir desculpas pelo atraso.

Em seguida, vi um homem alto, magro, grisalho e visivelmente bêbado se aproximar. Trazia em uma das mãos uma garrafa de cerveja e na outra um banco que utilizou para se acomodar perto de mim. Percebi que era o aniversariante, então, comecei a falar. Ele, embasbacado, ria. Colocou a cerveja no chão. Começou a bater palmas e a gritar para todos.

– Nossa! Tudo isso é para mim... Obaaaaaaaaa!

Eu continuei a ler o texto, enquanto ele repetia:

– Nossa! Tudo isso é para mim... Obaaaaaaaaa!

Enquanto eu me esforçava para bloquear o barulho externo, pude ouvir gritos e aplausos dos convidados:

– Ah! Que lindo! Fulano ficou apaixonado.

Toda aquela balburdia, aliada ao estresse do início da noite, acabou afetando meu desempenho. Tropecei em algumas frases, o que me deixou mais insegura.

De repente, o homenageado tentou se levantar. Caiu. Foi ajudado pelos amigos que o sentaram no banco. Ele tentou novamente se levantar. Caiu outra vez. Na terceira tentativa, conseguiu se equilibrar e veio caminhando em minha direção.

– Gente, isso é bom demais – repetia o fanfarrão. – Uma loira, baixinha, com esse vozerio no microfone, é tudo que eu queria.

Naquele momento, compreendi que, na visão distorcida de bêbado, ele se achava a última bolachinha do pacote. E pior, eu estava metida na situação. Parecia ser o recheio da bolacha.

– Filho, me ajuda a sair dessa – falei pro Logan.

Ele olhou com uma carinha de deboche e disse:

– Ué! Há poucas horas você não achou que tinha três metros de altura? Então, se vira. Põe pra fora a mulher gigante. A poderosa Hulk.

– Tenha dó – supliquei.

Parecia que o doidivanas imaginava ser "eu", o presente de aniversário.

– Não! E agora isso. Pai do Céu, *me* ajuda – supliquei.

Senti, do lado direito do meu rosto, o bafo de onça. O doido querendo me beijar. Dei um giro de 180 graus e me afastei com rapidez. Cambaleando, ele veio ao meu encontro. Tentou me segurar, mas tropeçou na grama. Rolou alguns metros pelo gramado.

Como eu estava desestabilizada emocionalmente, fiquei estática, não sabia se ria ou chorava. Parei. Alguns homens trouxeram-no de volta ao banco. Um vizinho do aniversariante, mais sóbrio que os demais convidados, percebendo a situação, posicionou-se perto de nós. Manteve o aniversariante sentado para que eu conseguisse dar continuidade à homenagem. O aniversariante tentou se levantar várias vezes. Para meu alívio, ele foi mantido sentado. Sem conseguir ficar em pé, colocou os cotovelos nos joelhos, escorou o queixo com as mãos e começou a gritar:

– Ai, que lindo o meu presente! Adorei.

Ao finalizar o trabalho, tentei sair rápido do local. Tinha urgência em ir embora logo. O que havia acontecido durante aquela noite era demais. Minha energia, que normalmente se renovava a cada mensagem bem feita, tinha se esvaído no início da noite com a mãe agressiva. Cansada, escorei a cabeça no teto do carro, quando senti uma mão no meu ombro direito. Logan disse ao meu ouvido:

– Entra no carro e vamos embora logo.

Atirei o microfone no banco de trás e entrei. Ao fechar a porta, pelo retrovisor, vi o aniversariante se levantar e vir em nossa direção:

– Fica comigo, meu presente.

Arranquei o carro e saí lentamente, acreditando que ele desistiria. Enganei-me, ele começou a correr atrás de nós.

– Volta! Volta, meu presente – clamava

Aumentei um pouco a velocidade. Ele continuou a nos seguir. Corria, tropeçava e se reerguia, a baba escorria pela boca, mas nada de desistir.

– Não vai embora, meu presente.

Dobramos a esquina, entramos na Avenida Esparta e o bêbado apaixonado atrás. Continuou a correr e clamar para ficar com o que entendia ser seu presente.

– Mãe, não aumenta a velocidade que ele pode cair e se machucar – explicou Logan.

Naquele momento, minha mente não registrou o pedido do meu filho. Minha paciência tinha se evaporado há horas. Pisei fundo no acelerador. Assim que o carro se afastou, ele perdeu o fôlego e não conseguiu nos acompanhar. Procurei não olhar para trás para evitar ficar com pena do moço. Alguns quilômetros depois, passado o susto, eu e Logan começamos a rir da situação.

– Filho, que coisa mais maluca. Ainda bem esta noite está chegando ao fim. Não sei se aguentaria mais uma homenagem.

– Pois é, mãe, não dá pra acreditar.

– Ora, ora, era só o que me faltava. Eu, presente de um bêbado tonto.

O ÁLIBI

Não comentar, de forma alguma, as peculiaridades do nosso negócio é uma tarefa complicada. Essa era uma das razões para sermos tão procurados pelos nossos clientes. Eles podiam confiar na gente. A situação que narrarei terá nomes fictícios para que a confiança entre empresa e cliente não seja quebrada.

No período de carnaval, nossa agenda ficava praticamente livre. Mas, num domingo de carnaval, recebemos uma encomenda diferente.

Um homem solicitou uma mensagem para o dia seguinte. Ao telefone, afirmou que, infelizmente, precisaria ficar longe da família durante o feriado. Ele trabalhava como segurança e ficaria retido no trabalho. Portanto, desejava se redimir, proporcionando uma festa de carnaval à esposa.

– Chegarei à praia de Quintão por volta das 9 horas da manhã – explicou ele.

– O.k. E o senhor deseja que o aguardemos na sua casa?

– Não. Vou até a sua loja. Quero fazer uma surpresa para minha família. Pretendo sair de dentro do carro com vocês. Tudo bem?

– Tudo bem. Estamos combinados. Que tipo de mensagem deseja?

– Não desejo mensagem alguma. Quero é muita música de carnaval. Quero acordar minha família com festa.

– Está certo. Esperamos pelo senhor amanhã, antes das 10 horas.

No dia seguinte, um rapaz pediu para falar comigo.

– Bom dia! Você é meu cliente da mensagem de carnaval, não? – perguntei.

– Sim, sou eu. Prazer. Meu nome é Luciano.

– Prazer, o meu é Vânia.

– Se a senhora estiver com tudo pronto e não se importar, eu gostaria de ir ao toalete me arrumar.

– Arrumar?

– Isso, trouxe uma fantasia. A senhora tem purpurina e *glitter* para vender?

– Sim, temos. Por que deseja colocar *glitter*? – perguntei curiosa.

– Bem... Vou contar à senhora, porém, espero que não me delate. Saí de uma festa de carnaval. Tenho brilho pelo meu corpo todo. Não consegui tirar esse negócio da pele e do couro cabeludo. Gruda muito. A solução que encontrei é espalhar um pouco mais e tudo ficará bem.

– Jura?

– Sim. A senhora será meu álibi. Não fiz nada de errado. Só curti um pouco algo que gosto. Com a família aumentando, a gente se priva de alguns divertimentos. A senhora sabe como é, não?

– Não sei. Também sinto dizer que acho isso muito errado. Não vou participar como seu álibi.

– Fica tranquila. A senhora não terá de mentir por mim. Basta fazer o que pedi, do resto eu me encarrego.

– Se for assim, concordo. Mas se sua esposa desconfiar e houver problemas, não mentirei pelo senhor. Fui clara?

– Sim, bem clara. Não se aflija. Dará tudo certo.

Em seguida, ele se dirigiu à seção de fantasias. Comprou alguns adereços e um pote de brilho. Foi no banheiro da loja se trocar. Saiu quinze minutos depois numa fantasia de faraó. Nos olhos, colocou uma pintura preta e espalhou purpurina dourada no pescoço, cabelos e braços.

– Dona Vânia, por favor, me ajuda a colocar *glitter* no meu rosto.

– O.k. Como deseja que eu coloque?

– Faça duas rodinhas na minha bochecha. Minha filha vai adorar

Depois de fazer a pintura no rosto do cliente, perguntei o que ele faria com o *glitter* que sobrara.

– Vou levar para jogar no meu sogro – respondeu.

– Vamos embora, então? – sugeri.

Em seguida, saímos da loja para acordar a família do nosso irreverente cliente. Como se tratava de uma homenagem tradicional, tínhamos decidido que eu daria conta sozinha. Logan não me acompanharia. Já na calçada da loja, em direção ao carro, nosso cliente parecia irrequieto. Atirava brilho em quem estivesse passando por ele. Para entrar no carro, o faraó se segurou no meu banco. Na outra mão, trazia o pote de *glitter*. Assim que virei a chave na ignição, o carro deu um solavanco. Eu tinha esquecido a marcha engatada. O faraó não conseguiu se afirmar e caiu em cima de mim, virando o pote de *glitter* que estava aberto.

– *Xiiiii!* Desculpa!

– Mas que droga. Olha o que você fez?

Abaixei a cabeça para confirmar a situação. O pote de *glitter* tinha virado todo. Estava grudado na minha pele do pescoço ao colo.

– Nossa! A senhora está cheia de brilho – disse ele, fixando um olhar travesso em minhas coxas.

Com o susto e na tentativa de me livrar do *glitter*, a saia havia subido.

– Que porcaria! – resmunguei furiosa enquanto saía do carro. – Comecei a passar a mão no meu pescoço e seios, ao mesmo tempo dava pulinhos para tentar me livrar daquela porcaria. Não consegui. Quanto mais eu passava a mão, mais o *glitter* se espalhava.

Como era verão e estava fazendo um dia de muito calor, meu suor auxiliava o produto a fixar na pele.

Ciente de que não teria solução, resolvi levar na esportiva.

– Bem, vamos fazer de conta que é brilho pessoal – falei resignada, entrando novamente no carro.

Quando chegamos à residência, coloquei a música “Festa”. Com o som alto, um idoso se aproximou do portão com olhos franzidos e cara de poucos amigos.

– Aqui não tem nenhum aniversariante. Vocês estão na casa errada – afirmou com o queixo encostado no portão. Parecia um cão de guarda.

Dentro do carro o cliente me disse:

– Esse é meu sogro, não dê atenção para a cara feia dele. No fundo ele é gente boa.

Encorajada pela frase, saí do carro. Em pé, olhei para minhas pernas e para o interior do carro. Encarei o cliente.

– Mil desculpas – ele disse.

– Tudo bem. Quero ver como vou tirar isto de mim – retruquei, enquanto pegava o microfone.

– Bom dia! Estamos na casa certa, sim. Esta não é uma homenagem de aniversário. Mas um recado de um marido saudoso – expliquei.

Parecendo entender, o idoso balançou a cabeça concordando e abriu o portão.

– *Tá* certo. Você é que sabe – disse, olhando para a casa de onde saia uma mulher morena, baixinha, vestindo uma camisola de ursinho panda. Os cabelos curtos e os olhos grandes me lembraram da Ada Wong, a heroína de um jogo de videogame.

Em seguida, chamei, pelo microfone, todos para a rua. Comuniquei que não estava ali para um aniversário, mas para presentear a família com uma música alegre e divertida. Disse que a música traria alguém que estava longe para mais perto deles. A música de carnaval rolando e ninguém parecia feliz com a mensagem. Ficaram parados feito estátuas. Lembravam aquelas pessoas nas portas da UTI, aguardando uma notícia ruim.

Constrangida, tentei alegrar aquele povo. Ao lado do carro, iniciei uns passos de samba, mas sou péssima para sambar. Assim que comecei a requebrar, tropecei e caí de quatro na grama. Acho que a proeza piorou o clima, porque o sogro e a esposa de Luciano arregalaram os olhos. Levantei e desisti de dançar. Quando a música terminou, fiz sinal para meu cliente sair do carro. Ele saiu ao mesmo tempo em que as filhas corriam para abraçá-lo. Em seguida, foi ao encontro da esposa. Ela o empurrou.

– O que significa isso? O que foi meu amor?

– Por que você e aquela mulher estão com o mesmo brilho? – apontou em minha direção

– Querida...

– Querida uma ova. Olha pra você.

– Como assim?

– Você está cheio de *glitter* e aquela mulher também.

– Ela é uma mensageira. Nada mais – tentou argumentar

– Mentiroso. Veja o estado dela. Parece que vocês andaram se esfregando um no outro.

Até aquele momento, eu estava observando de longe. Acreditando que ajudaria o Luciano, resolvi interferir.

– Senhora, se ele tivesse se esfregado em mim. Eu teria brilho somente nas pernas.

– Como assim? – ela vociferou com olhos faiscantes.

– Olha bem. Tenho brilho nos seios, na barriga, nas coxas e até na calcinha.

– Oh! Seu cretino!

– Não é o que você está pensando, querida.

– Não é? O que é então?

Eu desesperada em consertar a situação, pelo visto, estava causando o efeito contrário. Enquanto a esposa ciumenta dava tapas e pontapés no marido, eu comecei a sair de fininho. Ao me dirigir para o carro, vi que um grupo de curiosos se aglomerava em frente ao portão.

"Mais um vexame na minha coleção", pensei.

Quando estava abrindo a porta para entrar no carro, senti um puxão na minha blusa. Virei e me deparei com dois olhos que pareciam soltar raios.

– Você acha que me engana, sua vagabunda?

– Estou só fazendo o trabalho para o qual fui contratada. Não sou obrigada a lidar com seus chiliques. Resolva com seu marido.

– Não sabia que em Quintão tinha mulheres do seu tipo – ela disse.

– Como assim do meu tipo?

– Mulheres que andam com homens casados e depois se fazem de santinhas.

– Amor, tenha santa paciência. Resolvi chegar de surpresa com uma mensagem ao vivo. Contratei esta empresa que foi bem recomendada.

– Que empresa? Só estou vendo uma piranha.

– Sinto dizer que não sou o que pensa. Sou uma profissional de mensagens ao vivo.

Assim que terminei a frase, chamei uma das pessoas que estavam assistindo. Era nossa cliente e poderia validar minha explicação.

– Dona Marta, explica para esta senhora quem sou.

– Calma amiga, você está enganada. Esta é a dona da Loja Thais. Ela é minha amiga e trabalha com mensagens há muitos anos. Neste momento o CD trancou e o silêncio tomou conta do lugar.

Frustrada e chateada com a confusão, encarei meu cliente.

– Viu?! Falei que não daria certo.

Virei às costas para ir embora.

Luciano abraçou a esposa. Ela encostou a cabeça nos ombros dele e começou a chorar. Resolvi que era hora de me retirar.

Quando voltei para a loja e comentei com minha família o acontecido, decidimos que dali em diante Logan me acompanharia sempre, mesmo não tendo necessidade.

– Que confusão, mãe! – disse Logan com cara marota.

– Bem, os fins justificam os meios – falei, fazendo um enorme esforço para não criticar a atitude do cliente. Não gosto de me sentir cúmplice de situações que não aceito.

DIFICULDADE PARA CUMPRIR A AGENDA

De sexta a domingo, das 17 horas às 2 horas da manhã, conseguíamos atender em torno de quinze homenagens. Claro, considerando o esforço que fazíamos para manter o cronograma e evitar atrasos. Geralmente, saíamos com três cachos de balões prontos. Os outros, ou assoprávamos no carro – o que dava uma confusão danada –, ou voltávamos para buscar a nova remessa, que as meninas já deixavam pronta, na loja.

Para cumprir com os horários, eu vivia num turbilhão, correria constante. Não tínhamos tempo de participar das festas ou desfrutar das guloseimas que nos eram oferecidas. Em várias ocasiões, recebíamos pratinhos de salgados e doces para comer no trajeto até a próxima residência. Muitas vezes, os pratinhos ainda cheios iam parar no assoalho do carro. Uma pena porque em geral estávamos famintos.

Em um desses fins de semana agitados, eu havia concordado em ser mestre de cerimônia na festa de bodas de prata de um casal de amigos de longa data. Como não queria deixar de fazer as homenagens daquele sábado, orientei minhas colaboradoras a proceder com o usual, deixando sem agendar somente a hora anterior à da cerimônia, marcada para as 23 horas. Minha última homenagem aconteceria, portanto, às 21 horas, em nossa praia. Como cada homenagem durava 20 minutos daria tempo de cumprir os dois compromissos.

Dentro do carro, levei meu vestido de festa novo, sapatos e maquiagem. Faria a produção no trajeto, depois da última homenagem.

Para cumprir com o compromisso de trabalho e chegar na hora certa, decidi pegar um desvio. Como estávamos atrasados, não imaginei que a situação pudesse piorar ainda mais. No banco traseiro, Logan e Adriana, que nos acompanhava naquela noite, enchiam os balões com a boca.

– Logan, olha o mapa – pedi. – Veja quantas ruas faltam até chegar ao endereço da homenagem.

– Onde estamos? – ele perguntou.

– Na Rua Pero Vaz de Caminha.

– Faltam umas trinta e cinco ruas – ele disse.

– O.k. Vamos Lá.

– Mãe, aproveita e vai pela Rua Atenas. Tem menos movimento. Chegaremos mais rápido.

– Bem lembrado.

Virei o volante para pegar a rua indicada e prossegui com o percurso.

Para cumprir com o horário, não tive pena do meu lindo carrinho. Aliás, penso que carro foi feito para dar agilidade ao ser humano e não para ficar guardado na garagem, como alguns conhecidos fazem. Enfrentando ruas esburacadas e de areia, entre uma guinada e outra, sentia-me participando do Rali Dakar. Ainda assim, não desisti e dobrei à direita, entrando em outra rua de areia. Alguns metros adiante, o carro começou a patinar. Virei a direção para todos os lados, pisei no acelerado e nada. O carro não obedeceu ao meu comando.

– Droga, não consigo sair do lugar – falei com a voz chorosa.

– Vou verificar o que houve – retrucou Logan, saindo do carro.

– Porcaria de areia! – eu disse, quando Logan colocou de novo a cabeça para dentro do carro.

– Não se preocupa mãe. A gente tira o carro daí rapidinho. Vira a direção toda para a esquerda

O carro andou uns 20 centímetros e... *Brrrrrrrrrrrr.*

– Não adianta. Atolou de vez – gritou Logan do lado de fora.

– Vamos tentar mais uma vez.

– Não vai adiantar mãe.

– Quem sabe? – Insisti.

– Deixa de teimosia e desliga os faróis.

– O que vamos fazer agora? – choraminguei

– Temos duas opções: cavar com as mãos e levar a noite inteira para desatolar, ou conseguir ajuda.

– É melhor achar alguém para nos ajudar, então – respondi, sabendo que não tinha outra coisa a fazer naquela situação.

– Mas onde, mãe? Aqui, no meio do nada, só se forem tuco-tucos de areia.

– Não brinca, guri – falei apavorada.

– O.k., o.k. As duas fiquem bem quietinhas, vou em direção à avenida e volto logo – disse Logan.

– Cuidado. Veja se encontra alguma casa naquela direção. – Apontei para as luzes que ficavam no sentido norte.

– Tranquila, mãe. Não vou por ali. Vou pelas dunas de areia até a Avenida Esparta.

– Então vai logo – eu disse angustiada.

– Ah! Não liga os faróis para não matar a bateria – orientou Logan, antes de fechar a porta e começar a caminhar.

A palavra que melhor define o que *eu* senti naquele momento é "impotência". Eu e Adriana estávamos à mercê da noite escura. E, pior, no meio do *nada*. Virei para trás e não conseguia ver o rosto dela, de tão escuro que estava. Para aliviar o clima de insegurança, resolvi brincar.

– Adriana, você sabe contar algumas piadas?

– Ai, Vânia. Com o medo que estou sentindo, nenhuma piada vai me relaxar.

Tentei demonstrar uma segurança que não possuía:

– Fica tranquila, logo sairemos daqui.

– Olha! – gritou Adriana.

– O quê? – respondi de pronto.

– Ali, parecem dois vultos – respondeu.

Meu coração já estava batendo acelerado.

– Onde, menina?

– Ai meu Deus! Eles podem ser assaltantes! – gritou ela aflita.

– Calma, Adri. Vou sentar aí atrás com você.

E comecei a pular entre os bancos para ficar perto dela.

– Vânia, acende as luzes pelo amor de Deus.

– Não. Pode ser pior. Encosta no meu ombro e fica calma. Vamos ficar quietinhas. Logan vai chegar logo.

Assim, ficamos abraçadas no silêncio da noite por um longo tempo. Passei a conversar sobre os planos de futuro de Adriana para ver se ela focava em outro assunto, tranquilizando-a, enquanto aguardávamos o socorro. Após o que pareceu horas, vi algo brilhante se movendo ao longe, na direção que Logan havia seguido.

– Enfim, ajuda! – exclamei para Adriana.

Assim que fixei os olhos, pude identificar que se tratava de dois faróis.

– *Iupi.* Deve ser nosso socorro! – falei, sentindo grande alívio.

Logan, de fato, tinha encontrado um morador que se prontificou a nos ajudar.

– *Oiii!* Vocês estão bem? – perguntou Logan.

– Estamos, filho. Vocês conseguem nos tirar logo daqui?

– Bem, vocês terão de sair do veículo. Vamos ter de cavar um pouco para encontrar o pino de engate, amarrar a corda e puxar o carro.

Logan tinha trazido uma pá. Adriana e eu descemos e começamos a ajudar com as mãos. Enquanto eu cavava, imaginei como faria para cumprir com a agenda. Tinha esquecido completamente dos meus clientes.

– Podem parar de cavar – ouvi Logan dizer.

– Podemos entrar? – perguntei.

– Não, vamos empurrar para um lado e tentar desatolar. A senhora vai ao volante – respondeu ele.

– Não! Vá você, Logan.

– Ele não pode, precisa empurrar – respondeu o morador.

– *Tá* bom – suspirei resignada.

Depois de diversos gritos de "vira pra lá", "vira pra cá" e muito suor, não tínhamos movido em nada o nosso carrinho. O Uno estava atolado.

– Gurias, afastem-se um pouco, vamos amarrar a corda – instruiu o morador.

Em seguida com a corda amarrada ao caminhão de lixo, ele acelerou.

Plec.

A corda arrebentou.

– Não acredito! A corda não aguentou – disse o morador, ao volante do caminhão.

– O que a gente faz agora? – gemeu Adriana.

– Não se preocupem! – disse o morador. – Tenho um cabo de aço no caminhão.

Mais uma vez suspirei, só que agora de alívio. Mas ele continuou:

– O problema é que estou com o caminhão cheio de lixo. Vai demorar um pouco para chegar até o cabo de aço.

– Não importa. Precisamos sair daqui – explicou Logan.

Uma eternidade se passou até o cabo ser fixado no Uno.

– Olha, rapaz. Vou puxar, deixe a marcha desengatada, não pise no freio.

– O.k. – respondeu Logan.

Adriana e eu fomos autorizadas a entrar no carro.

– Agora! – ouvi o motorista gritar.

O caminhão acelerou e Logan virou a direção.

– Logannnnnnnnnnnn – gritei, mas não a tempo de impedir que uma montanha de lixo caísse em cima de nosso carro. O Uno tinha saído do atoleiro de areia, mas agora estava coberto de lixo. O caminhão parou. Com a lanterna o motorista iluminou em nossa direção.

– *Bah!* Desculpa. Esqueci-me de trancar a tampa – ele disse.

– *Tô* cheia desta situação – resmunguei. – Essa foi a gota d' água.

Então, comecei a chorar encostada nos ombros de Adriana.

– Quem mandou fazer barbeiragem? – Logan perguntou em tom debochado.

– E o que a gente faz agora? – indaguei.

– Vamos tirar o máximo de lixo que pudermos de cima do carro para ir à festa da sua amiga – salientou Logan, ao mesmo tempo em que agradecia e se despedia do morador que nos ajudara.

Finalmente, com duas horas e meia de atraso, chegamos à festa de casamento. Minha amiga, após ver meu estado – entrei esbaforida no salão – e depois das devidas explicações, em tom de felicidade, agradeceu meu empenho em comparecer àquele momento importante na vida dela.

– Que horror que vocês passaram, amiga! – ela disse, solidária.

– Ainda assim, eu me desculpo por não poder cumprir o prometido – insisti.

– Estás desculpada. Na realidade, estávamos preocupados com vocês.

Balancei a cabeça, concordando, e falei:

– Se você ainda não me substituiu no cerimonial, dê-me alguns minutos para tomar água, ajeitar a roupa e estarei pronta.

– Claro que não a substituí. Eu tinha certeza de que você viria.

– *Ufaaaa*! Então vamos lá.

– Agradeço de coração, Vânia, por você ter comparecido, mesmo neste estado lastimável. Não importa a roupa que está vestindo. O mais importante é você estar aqui. Minha festa sem sua presença não seria a mesma. Então, vamos até o banheiro tirar esta casca de banana da sua saia e esse macarrão do seu cabelo.

PÉ DE ALFACE

Em nossa região, são poucas as ruas que possuem placas de identificação nas quadras fora da área central. Como naquela época não tínhamos acesso a um GPS, era bem complicado achar os endereços. Isso atrapalhava muito o nosso trabalho. Como as encomendas eram agendadas pelas funcionárias da loja, elas muitas vezes deixavam de pedir alguma referência. Certa noite, depois de muito andar, enxerguei o nome de uma rua, então, perguntei ao Logan e à Adriana:

– Estamos na Vitor Hugo. Quantas quadras faltam até a Rua José Bonifácio?

Eles ligaram a luz interna do carro para olhar o mapa. Demoraram a responder. Insisti na pergunta. Logan criou coragem e disse:

– Mãe, faltam exatamente trinta e nove ruas. Mas no sentido contrário.

– Como? Vociferei.

–Vocês – vociferei. – Antes, vocês me disseram que faltavam 40 ruas. Andei um bocado e agora vocês falam que temos de voltar. Como assim?

– Nós olhamos o mapa ao contrário, mãe. A gente confundiu José Bonifácio com José do Patrocínio. Desculpa.

Parei o carro de supetão. Minha reação normal seria me descabelar, chamando-os de incompetentes, mas estressada do jeito que eu estava, com certeza meteria os pés pelas mãos. Essa atitude não teria um fim feliz. Meu filho, já já iria me abandonar se eu não tivesse mais paciência com ele. E sem o auxílio de Logan, ficaria impossível trabalhar. Então, coloquei as mãos na direção e me virei para os dois jovens. Eles me olharam com cara de envergonhados. Respirei.

– Deem uma olhada novamente no mapa e me digam quantas ruas faltam – eu disse. – Se vocês errarem mais uma vez, enforco os dois no primeiro pé de alface que eu encontrar.

Aliviados, eles começaram a rir. Revisaram a rota, confirmando que precisaríamos retornar trinta e nove ruas. Dei a volta na direção correta.

Quando chegamos perto da residência, saí do carro para colocar o giroflex e pendurar os balões. Era de noitinha, o céu estava aberto, embora, ventasse forte. Tive certa dificuldade de tirar o cacho de balões do banco traseiro. A porta não parava aberta. Encostei meu corpo e fui puxando os quinze balões para fora. E nada de eles me obedecerem. Emperraram em algum ponto, em meio aos outros cachos de balões das próximas homenagens. Imprimi mais força. Não resolveu. Dei um puxão mais forte. O cacho se soltou, mas trouxe consigo os balões da mensagem seguinte. Com um cacho na mão e o outro levantando voo, só me restou gritar:

– Ai, meu Deus! Ajude-me.

– Mãe, corre. Vai perder os balões – berrou Logan.

Enrolei rapidamente o cacho, que estava na minha mão, no trinco do carro. E saí desatinada atrás do outro.

– Peguem! Peguem esses balões – eu gritava em plena avenida, de saia justa, salto alto e toda maquiada. Corria como uma louca atrás do cacho de balões.

Em dado momento, parei. Tirei minhas sandálias, deixei no chão e continuei a correr. De longe, via o cacho colorido voando. Por vezes, parava em algum obstáculo. Mas assim que eu estava prestes a alcançá-lo, levantava voo, outra vez, de forma matreira. Parecia que o conjunto de balões zombava de mim. Ou, no mínimo, testava minha resistência física. Era imprescindível alcançá-los, pois não tinha dentro do carro outros balões para substituí-los.

Os transeuntes que ouviram meu pedido de socorro tentaram me auxiliar. A corrida finalmente terminou a cinco quadras do nosso carro. Um senhor bastante alto conseguiu agarrar o cacho, agora reduzido a oito balões. Assim que os agarrou, veio ao meu encontro e disse com um sorriso:

– Cuidado moça, estes balões são ariscos e fogem rápido.

Entregou-me o cacho.

– Pode deixar, vou prendê-los bem – respondi.

Agradeci a ajuda e voltei ao local onde tinha deixado as minhas sandálias. Quando cheguei, não as vi. De imediato, pensei: "não é possível que eu tenha de passar por isso também".

– Roubaram minhas sandálias – falei alto.

– Calma, coroa. Estão comigo – disse Logan.

– Ainda bem.

Respirei aliviada, enquanto vestia o calçado para voltar ao trabalho. Esta seria a primeira de várias perdas que teríamos por trabalhar com balões num clima impróprio. O vento é o maior inimigo deles.

DESPERTANDO O ANIVERSARIANTE

– Calma, patrão! É uma brincadeira!

– Calma uma porra! Sumam já daqui!

– Queríamos só alegrar você, não chatear – disse o funcionário.

– Vá se catar com este tipo de intenção – vociferou vermelho de raiva.

Num clima de animosidade nunca visto antes, Logan e eu tentávamos entender a situação inesperada. Não estávamos preparados para lidar com aquilo.

Acordar as pessoas no dia do aniversário sempre era uma tarefa mais complicada. Por vezes, nos contratavam para despertar os aniversariantes ao raiar do dia, de maneira bem escandalosa. Entretanto, tudo ocorria numa boa. Para toda regra existe uma exceção.

Funcionários de um supermercado nos contrataram para fazer uma homenagem de aniversário ao patrão. Segundo eles, a residência do proprietário ficava no segundo piso do empreendimento dele.

Logan e eu conferimos mais uma vez o endereço. Enquanto eu soltava outro bocejo, meu filho reclamava por termos concordado em fazer uma homenagem em horário tão impróprio para ele. Logan havia dormido umas três horas apenas. Assumi a direção do carro. Manobrei de ré até a entrada do portão de ferro. Assim que estacionamos, Logan ligou o som. Então, saí do carro para chamar o aniversariante.

– Acorda patrão! – chamei pelo microfone, enquanto observava o raiar do dia.

Aguardamos alguns minutos e nenhum movimento na casa. Chamei outra vez o homenageado.

– Bom dia, patrão, é seu aniversário. Apareça!

Algum tempo depois, alguém abriu a porta da sacada. Um homem, de cara amarrada, apareceu de calção e sem camisa. Levantou as duas mãos para o céu, perguntando:

– O que está acontecendo?

– Parabéns! Hoje é um grande dia.

– Não quero essa parafernália – urrou ele.

– Hoje é seu aniversário – continuei em tom alegre.

Neste instante, os funcionários responsáveis pela encomenda chegaram perto de nosso carro. Ao sinal positivo deles, comecei a ler a mensagem:

– Não poderíamos deixar passar em branco uma data tão importante: a chegada dos seus 55 aninhos. Muitas coisas aconteceram ao longo deste verão. As mais marcantes relataremos agora. Como empresário, você tem uma excelente visão do negócio. Soube escolher uma equipe fenomenal. É um patrão alegre e acessível, que consegue, na maioria das vezes, controlar as situações difíceis. Briga muito com os fornecedores, mas sempre pelo menor preço, tudo para deixar o mercado em dia. Isso é bacana e nós aprovamos essa atitude. Sua característica mais marcante é ser muito "canguinha", mão de vaca mesmo. Patrão, se você nadasse daqui ao Japão com um Sonrisal na mão, ele chegaria sequinho do outro lado. Também não gosta de dar vale-emergência (adiantamento). Exige que sejam solicitados com antecedência. Mas, patrão, quando a gente pode prever uma emergência antecipadamente? Fica complicado, é por isso que se chama vale-emergência. Quando um funcionário chega atrasado, seu cumprimento tradicional é "Bom tarde, fulano". Que coisa chata, duvidamos que você nunca tenha chegado alguns minutinhos atrasado na vida.

O patrão sumiu da sacada. Imaginei que desceria para comemorar com os funcionários. Continuei em tom de voz ainda *mais alto*:

– O maior refrão deste verão foi o patrão dizer pelo mercado "meu lucro *tá* indo embora!", referindo-se à mortadela, ao queijo, aos copinhos plásticos que usamos, enfim, às coisas erradas que fazemos.

De repente, o quadro onde a mensagem estava impressa ficou manchado. Deduzi que tinha começado a chover, mas quando olhei para o céu, estava limpinho. A água vinha de uma mangueira que o patrão trazia nas mãos. Os funcionários correram para se proteger, embaixo da marquise.

– Vão embora. Chega! – gritava o patrão furioso.

Parei de ler e corri para dentro do carro. Então, ouvi os funcionários pedirem:

– Continua! Continua!

No intuito de terminar logo meu trabalho, voltei a ler a homenagem de dentro do carro.

– Patrão, você pode recuperar seu lucro nas latinhas de cerveja que você bebe à noitinha, quando fecha o supermercado. Se juntar todas e vender, dará uma grana boa. Que tal? O refrão da música que marcou nossa vida neste verão foi "Do jeito que você me olha, vai dar namoro", do Bruno e Marrone, cantada por você todo dia. Esperamos fervorosamente que você aprenda o resto da música até o próximo verão! Um único refrão ninguém aguenta! Mas o verão também tem suas peculiaridades. O *patrão*, em geral, não almoça devido aos compromissos, mas vive beliscando coisinhas durante o dia. Ainda assim, fala aos quatro ventos "Pois é, não tive tempo de almoçar, *tô* secando, virando pele e osso". Não queremos magoá-lo. Seria bom malhar um pouquinho e fazer as refeições nos horários. Para, assim, sumir com essas gordurinhas extras.

Latas de cerveja foram jogadas em nosso carro. Ele continuava tentando nos enxotar. Achei a atitude bastante infantil, mas resolvi levar na esportiva. Continuei a ler:

– Patrãozinho, temos umas sugestões para sua esposa. Primeira: não deixar o patrão dormir depois do almoço, ele fica mal-humorado e ninguém aguenta. Segunda sugestão: namorar depois do almoço, com isso, teremos um patrão muito mais feliz e realizado.

Assim que li a última frase, ouvi gritos e algumas pessoas correram. Olhamos na direção dos gritos e vimos uma confusão.

– Calma, patrão! É brincadeira!

– Calma uma porra! Seus idiotas!

O patrão tinha descido e estava querendo brigar com os funcionários. Como sempre, sem pensar no perigo, saí do carro e corri até o conflito. Dentro de um círculo de pessoas, encontrava-se o patrão enraivecido, pronto para a briga. Ele estava armado com um facão e ameaçava os funcionários. Uma mulher descabelada tentou acalmar a fera. Imaginei ser a esposa.

– Tentei me aproximar do homem, sabendo que estava caminhando em direção ao perigo, sabendo que só haveria uma forma de acalmá-lo.

– Olá, senhor. Se quiseres brigar, brigue comigo – falei.

– Sai daqui – ele vociferou.

– Eu sou a responsável pelo que você ouviu. Quem escreveu o texto fui eu, a partir dos relatos deles. Se erramos, nos perdoe. O intuito foi fazer uma homenagem.

– Viu meu bem? – disse a esposa, tentando colocar juízo na cabeça do urso pardo.

– Porra nenhuma. Isto foi a maior falta de respeito que eu já vi na vida. Agora parece que são os postes que urinam nos cachorros. E não os cachorros nos postes. Vão embora.

Parecia que nada poderia acalmá-lo. Neste momento, um senhor se aproximou da confusão. Ao perceber a aproximação do idoso, a mulher se atirou nos braços dele.

– Ah, pai! Preciso de ajuda para acalmar este homem.

– Deixa que eu falo com ele.

Então, se virou para nós e fez sinal, pedindo que fôssemos embora.

Deixei, em cima de uma cadeira, o quadro e os balões. Saímos rápido dali, sem olhar para trás. Enquanto Logan dirigia, fiquei pensando naquele homem destemperado.

– Você é um patrão ingrato e egoísta...

4º Ano

Alavancando (consolidando) a expertise

E AGORA?! POR QUE O HOMENAGEADO FUGIU?

Homenagear quem não quer ser encontrado é mais complicado do que você imagina. Recebemos uma ligação de uma moça que residia em São Paulo. Ao telefone, solicitou informações sobre "uma loucura de amor". A homenagem seria em uma cidade da região metropolitana de Porto Alegre. Mariza, morando atualmente em São Paulo por causa do trabalho, desejava surpreender o noivo, Tadeu.

– O que pretende com a mensagem? – perguntei.

– Quero demonstrar ao meu noivo que eu o amo e que estar longe dele me deixa infeliz. Quero que ele tome uma atitude, marque a data do nosso casamento e venha morar comigo em São Paulo.

Segundo a contratante, o noivo, enfermeiro, exercia função de chefia em uma unidade de saúde da cidade. Por esse motivo, estaria protelando a decisão de marcar a data do enlace. Já completavam-se seis meses que Mariza não via o noivo pessoalmente.

Durante as negociações, ela veio com a ideia de viajar até Porto Alegre e se esconder dentro de um coração gigante. Eu gostei da sugestão. Dias depois, ela me ligou dizendo que mandara fazer um grande coração de espuma e tecido vermelho brilhante em São Paulo e que o traria na bagagem. Combinamos que, ao fim da mensagem romântica, ela desceria do carro dentro do coração. Nos braços, carregaria um buquê de begônias, a flor preferida do noivo.

Obtivemos permissão da chefia do noivo para fazer a homenagem com a ressalva de que ela deveria ocorrer durante o intervalo do almoço. Com tudo pronto, no dia marcado, Logan e eu esperamos Mariza no aeroporto. Fazer o coração caber no carro foi um sacrifício. Empurra daqui, acomoda dali. Mas no fim, deu tudo certo.

Do aeroporto até a unidade de saúde levamos uns 50 minutos. No caminho, Mariza tentava vestir o coração. Parei o carro, virei para trás, quando a ouvi resmungar:

– Quando encomendei o coração, não imaginava que fosse tão complicado de vestir.

– Tenha calma, tudo dará certo.

Mentalmente, eu tentava pensar positivo. Afinal, a moça tinha vindo de tão longe para surpreender o noivo. Ela merecia um fim feliz.

Faltando duas quadras para chegar à unidade de saúde, parei mais uma vez e comecei os procedimentos de trabalho. No banco traseiro, a moça, assustada e insegura, questionava com a voz trêmula:

– Será que ele vai gostar?

– Com certeza – afirmei. – Quem não gostaria de receber uma surpresa de uma moça tão linda como você?

– Já não sei mais se o que vou fazer é certo ou loucura. Ele é meio estourado e genioso.

– Mariza, você lançou uma ficha. Está pagando para ver. Então, fica firme na decisão.

Tirei o carro do acostamento e comecei a dirigir até a unidade de saúde.

– Acho que vou desistir. O que faço? – ela perguntou.

– Não, Guria. Põe uma coisa na sua cabeça. Só devemos nos arrepender do que não fazemos ou experimentamos.

Enquanto eu aguardava o sinal abrir, olhei para a moça pelo espelho retrovisor. Ela estava linda dentro daquele coração espalhafatoso. Admirei a coragem dela de seguir em frente para demonstrar o amor ao noivo. Peguei a mão dela e acarinhei os dedos, tentei enviar uma confiança que nem eu mesma tinha.

– Ah! Agora é tarde, né? – disse ela.

– Tarde nada! Diz que desistiu, dou a volta e levo você *pro* aeroporto. Mas pensa comigo. Quanto tempo e dinheiro você gastou preparando o coração, comprando as passagem e as flores? Você teve a coragem de vir até aqui e vai amarelar agora, na reta final? Não acredito! – exclamei.

– *Tá* certo. Você me convenceu. *Vamos embora.* Se eu tiver outro chilique, ignore e siga em frente.

O sinal abriu, coloquei o carro em movimento devagar, dando mais algum tempo a ela para desistir, se assim quisesse.

Chegamos à unidade de saúde tocando a música *Love Me Tender,* com Elvis Presley. Estacionei e desci do carro com o microfone nas mãos. Com o volume da música mais baixo, anunciei:

– Pessoal! Boa tarde. Neste lindo e ensolarado dia, estamos aqui para realizar mais uma "Loucura de Amor". Por amor, somos capazes de tudo. Quando amamos de verdade, quebramos barreiras e derrubamos muralhas. É em nome de um grande amor que estamos aqui. Vocês conseguem imaginar quem será agraciado com essa linda declaração? Não? Já conto para vocês. Tadeu venha receber sua mensagem.

Enquanto aguardávamos, Logan colocou outra música e nada do Tadeu aparecer. Chamei-o novamente. Algumas pessoas pararam para ver o que estava acontecendo, porém, não identifiquei o Tadeu.

– Tadeu, por favor, apareça. Sabemos que está aí.

Não surtiu efeito.

Como vi um grupo de pessoas reunidas, resolvi apelar para os colegas de trabalho do moço.

– Gente! Alguém pode dizer para o Tadeu descer até aqui?

Enquanto chamavam o rapaz, não tive coragem de olhar para dentro do carro. Procurei demonstrar que a espera era natural. Somente Logan e eu, pela experiência, sabíamos que havia algo errado.

Do segundo piso, na janela, uma moça começou a fazer sinais para mim. A princípio, não entendi, então repeti o pedido.

– Ele não quer aparecer – ela disse.

– Como?

– Ele não quer receber a mensagem. Pediu para vocês irem embora.

– Como assim ir embora? Ele nem sabe de quem é a mensagem – gritei para a moça.

Ela se afastou da janela, em seguida voltou, dizendo:

– Ele realmente não deseja receber a mensagem. Você deve ir embora para não atrapalhar nosso trabalho.

Ficou claro que ele não mudaria de ideia. Desliguei o microfone e fui em direção ao carro. Ao abrir a porta, vi a noiva em prantos. Perguntei a ela o que desejava fazer.

– Vamos embora – ela respondeu. – Melhor! Vamos dar a volta na quadra. O Tadeu costuma deixar o carro dele estacionado na rua de trás.

Achei por bem atender ao pedido de Mariza, embora estivesse com medo de que ela fizesse algo impensado, como arranhar o automóvel do rapaz.

Assim que dobrei a esquina, Mariza reconheceu o carro do noivo. Agarrada ao meu banco, ela disse:

– Para já!

– Por quê?

– Olha! Ele está saindo de fininho. Vai entrar no carro. Rápido, quero chegar perto.

Tadeu entrou no automóvel. Encostei nosso carro ao lado do carro dele. Liguei o pisca-alerta. Fiz sinal com a mão que precisava falar com ele. Tadeu me ignorou. Buzinei e abaixei o vidro, dizendo:

– Por favor, eu só quero entregar uma encomenda.

Ele também abaixou o vidro e me respondeu:

– Não ficou claro que não quero receber nada?

Como eu estava atrapalhando o trânsito, avancei para dar espaço ao motorista irritado que buzinava atrás de mim. Tadeu aproveitou e arrancou em disparada.

– O desgraçado está fugindo – avisou Mariza. – Alcança ele.

Sem tempo para pensar, saímos rapidamente pelas ruas da cidade atrás do noivo fujão. Nossa estrela estava iluminada porque, mais à frente, o semáforo fechou. Tadeu estava no início da fila e nós, oito carros atrás. Podíamos ver para onde ele iria. De tão focada em perseguir o noivo, não me preocupei com a velocidade permitida. O importante era impedir a fuga dele. Depois de meia hora perseguindo o noivo fujão, fomos barrados por uma viatura da Brigada Militar (BM). Na abordagem, o BM chamou minha atenção por causa da velocidade. Perguntou o que estava acontecendo. Expliquei a situação e depois de assinar a multa e receber uma reprimenda, fomos liberados.

Novamente, virei para trás e perguntei à noiva:

– O que você quer fazer agora, Mariza?

– Vamos para o apartamento dele. Vou tirar isso a limpo. Quero saber o que está acontecendo. Ele não é assim.

– É importante você lembrar que as pessoas mudam. Deve haver uma explicação.

– Não imagino por que o cafajeste fugiu de nós. Vou falar com ele de qualquer jeito. Uma hora ele terá de aparecer em casa. Você não precisa esperar comigo.

– Lamento que seu intento não tenha se concretizado. Em qualquer situação de nossas vidas, devemos estar preparados para um dos três cenários: o pessimista, o esperado e o otimista. No seu caso, você não previu o pior cenário, mas tem de se acalmar e pensar bem no que acontecerá daqui em diante.

– Eu nem sei mais como devo agir. Sabia que ele era um grosso, bicho do mato mesmo. Mas eu não conhecia o lado covarde dele. Não imaginei que reagiria desta forma.

– Bom... Se você tem certeza de que prefere esperar por ele, me indica o caminho. Levo você ao endereço. Vai continuar dentro do coração?

– É lógico que sim. Vou mostrar àquele idiota o que perdeu.

Meia hora se passou. Triste foi ver a moça descer acabrunhada do carro, vestida num coração vermelho enorme. Bem diferente daquela moça que pegamos no aeroporto. Um contraste de dar pena.

Na manhã seguinte, liguei para o celular dela. Caiu na caixa de mensagens. Passados alguns dias, recebi um e-mail de Mariza dizendo:

"Obrigada pela aventura da semana passada. Consegui encontrar o Tadeu. Levou o maior susto ao me encontrar na porta do apartamento. Ficou nervoso. Mais do que o normal. Tremia só de me ver ali. Senti-me como uma visita indesejada. Assim que olhei para as mãos dele, vi que estava sem a aliança. Entendi que ele já tinha terminado comigo há algum tempo. Só não teve coragem de comunicar. Terminamos. O pior não foi o vexame de parecer uma doida dentro daquele coração enorme, nem o gasto com a viagem. Foi descobrir o motivo para ele não querer a homenagem. Ele estava de caso com uma advogada, cujo escritório fica na frente da unidade de saúde. Ela está grávida. O safado confessou que estava com vergonha de me contar. Sabe, Vânia? Mesmo de longe, senti que algo estava errado. Não dei bola para os sinais. A gente se acostuma a coisas demais para não sofrer. Escondi-me na desculpa da distância e tentei reacender um sentimento que aos poucos se gastou. Hoje, vejo que me perdi de mim mesma. Eu não me valorizei. Sempre ouvi que a distância afeta muito os relacionamentos. Apostei que não aconteceria com o meu. Estava errada, infelizmente. Não desejo o mal dele. Até quero que seja feliz. O que não perdoo é a covardia em me deixar no escuro por mais de seis meses."

Lendo a mensagem, pensei em quanta tristeza e revolta continham aquelas palavras de Mariza. Ela ainda teria de lidar com a mágoa. Pensei, também, no quanto tempo ela levaria para perdoar Tadeu e, principalmente, a si mesma.

PEDIDO DE NOIVADO

Num sábado ventoso, recebemos outra encomenda para uma "Loucura de Amor". Solicitaram que a mensagem tivesse um capricho a mais porque o autor da façanha pediria a garota homenageada em noivado.

No horário combinado, chegamos ao local. Na residência rolava um grande churrasco. Como diriam os gaúchos, um churrasco *macanudo*.

Estacionamos o carro, colocamos a música e chamei a homenageada. O cheiro da carne era apetitoso. Os convidados do churrasco, aos poucos, foram se aproximando do portão.

– Boa noite, pessoal. Estamos aqui para realizar uma Loucura de Amor. É com imenso prazer que trago uma mensagem para Luana. Quem é Luana?

Uma moça morena, de cabelos longos e micro vestido vermelho levantou a mão.

– Luana, a mensagem que trago é a seguinte: "Não quero ser na sua vida apenas uma passagem. Nem um vendaval capaz de tirar seu porto seguro. Quero dobrar a esquina de seus sentimentos e deixar a sensação de que nunca mais irei embora. Coisas inexplicáveis acontecem na vida da gente. Eu jamais pensei que existisse alguém assim como você, tão diferente e especial. Ontem, eu apenas gostava de você. Hoje, amo com devoção. Percebo o quanto preciso de você. Nem sempre as palavras conseguem expressar tudo o que realmente sentimos. Os gestos falam mais do que palavras. Amo você demais. Por isso...".

Tam...tam...tam...tam. A música parou. As pessoas ficaram quietas.

– Luana, quer casar comigo? – completei.

– Ah! Adriano – ouvi a moça gritar.

Ela correu em direção ao nosso carro. Deu a volta por trás e se inclinou na janela do motorista. De longe, sem entender nada, eu vi Luana conversando com meu filho Logan.

A música continuava rolando, enquanto eu e os convidados aguardávamos a resposta da garota. Após o que pareceu uma eternidade, Adriano caminhou até nosso carro e se postou atrás da namorada. Ele estava com cara de poucos amigos.

Preocupada com o desfecho daquela inesperada cena, eu também caminhei até o carro.

– O que você está fazendo aqui, Luana? – ouvi o rapaz indagar.

Ela se virou.

– Já vou Adriano.

Adriano esticou seu um metro e meio, estufou o peito e soltou o verbo com a voz parecida à do Patolino.

– Luana, ou vem comigo agora, ou está tudo terminado entre nós.

O povo, incitado por uma menina que parecia ter uns oito aninhos, vestido rosa, começou a aplaudir, enquanto Adriano voltava para a família.

Mais uma vez, Luana se inclinou para dentro do carro e depois de alguns cochichos, ela voltou para junto dos convidados, como se nada tivesse acontecido. Olhou para o namorado e deu um sorriso que não me pareceu convincente.

Sinalizei para Logan abaixar o volume da música, então, perguntei:

– Luana, você aceita o pedido do Adriano?

Mais uma vez, ela dirigiu o olhar para nosso carro. Em uma fração de segundo, respondeu:

– Sim. Aceito.

A voz da moça se perdeu entre suspiros de alívio dos convidados.

Adriano se aproximou, colocou uma aliança de ouro no segundo dedo da mão direita de Luana. A seguir, levantou o rosto da garota e beijou-a fortemente. Colocou as mãos da Luana para trás e as manteve assim, enquanto os familiares gritavam viva.

Eu não estava entendendo nada. Para mim, tudo parecia confuso. Estava agoniada para terminar aquela estranha e diferente homenagem. Após parabenizar o casal e entregar o *kit* da mensagem, fui em direção ao carro para iniciar os procedimentos de saída. Sentei ao volante. Manobrei. Logan estava quieto. Quando saímos do campo de visão da família, indaguei:

– O que foi aquilo?

– Aquilo o quê?

– Ah, não... Não se faz de desentendido, Logan.

– Não enche o saco, mãe.

Parei o carro e me virei para ele.

– Quero saber por que aquela guria correu até o carro?

Silêncio.

– O que ela queria? Você tem alguma coisa com ela?

– Mãe, muitas vezes as coisas não são como a gente vê ou sente.

– Não me irrita, guri. Desembucha logo.

– Bem... Algum tempo atrás, eu e ela tivemos um rolo. Só ficamos nada de mais.

– Um rolo?

– Sim.

– E...

– É exatamente o que estou dizendo, mãe – disse Logan rispidamente.

– Você não me enrola, guri. Fala!

– Hoje, antes de aceitar o pedido, ela queria saber se tinha alguma chance comigo.

– Que loucura! E o que você respondeu?

– Eu disse que não. Lógico.

– Ah! Imagina o que teria acontecido se você tivesse dito que sim.

– Não tenho culpa se ela é maluca, mãe.

– Me engana que eu gosto.

Enquanto seguíamos em direção a outra homenagem, o silêncio imperou. Cada um de nós estava pensando no ocorrido. Eu imaginava o que poderia ter acontecido se o noivo fosse um homem de temperamento explosivo.

"Meu pai do céu! Nem é bom pensar nessa possibilidade."

MENSAGEM PARA NAIR

O caso que contarei agora foi um dos micos mais complicados de administrar. O senhor José desejava encomendar uma homenagem romântica para o amor de sua vida. Após os procedimentos usuais, pedi que ele contasse sua história. José conheceu Nair em um bailão numa cidade perto de Porto Alegre. Com o envio da mensagem, desejava demonstrar seu lado romântico à amada.

– Quero que, depois desta mensagem, ela saiba o quanto a amo e venha morar comigo – disse ele, faceiro.

– Que bacana. Espero que sejamos convidados para o enlace – falei.

– Serão, sim.

– Então, o senhor já decidiu a mensagem?

– Ah, sim. É esta aqui.

– Certo. Quando o senhor deseja que façamos a homenagem?

– No sábado à tardinha – respondeu ele. – Coitadinha da minha amada. Ela cuida da mãezinha doente. Tem folga somente na quarta-feira quando a irmã troca com ela. Quero animar um pouco a Nair.

– Tudo combinado, senhor José. Sábado, às 17 horas, estaremos na Rua Alegrete para fazer a homenagem.

Conforme combinado, no sábado, estacionamos em frente à casa de Nair e a chamamos para receber a homenagem romântica. Da casa, saíram algumas pessoas. Dentre elas, uma senhora de cabelos louros. Ao lado, um homem grisalho em uma cadeira de rodas. E, também, outras pessoas que imaginei serem os familiares. Antes mesmo de eu começar a ler a mensagem, as brincadeiras se iniciaram.

– Ué? É seu aniversário, sogra? – um rapaz gritou.

– Não – respondeu a jovem ao lado dele.

– O que será, então? – ele falou.

– Oiiii, pessoal – eu disse. – Estou aqui para homenagear a Nair. É você?

Ela concordou visivelmente encabulada. Então, comecei a fazer o meu trabalho

– Querida Nair, numa mágica quarta-feira, à tarde, conheci você. Assim que entrou no salão, loura, *guapa*, de olhos verdes e vestido azul, meu coração parou, quase enfartei. Naquele instante, eu soube que você seria meu último e derradeiro amor. Quando a convidei para dançar, você sorrindo aceitou e fez eu me sentir no céu.

Olhei para a homenageada. O rosto foi avermelhando feito tomate. O senhor da cadeira de rodas gesticulava com as mãos. Os filhos mostravam sinais de confusão. Não dei importância, continuei:

– Trago em meu coração nossos momentos especiais. Sei do senso de responsabilidade que você tem com a família, entendo o quanto isso é importante para você. Mas eu quero ajudá-la nesta empreitada. Amar é compartilhar tudo. Você conquistou meu coração e a amo, querida Nair. Vamos viver este amor tão bonito...

De repente, ouço um grito. Olho para a casa e vejo Nair, movendo a cabeça e dizendo:

– Não, não, não, não...

Um dos rapazes se aproximou de mim, gritando:

– Mas o que é isso? Como você se atreve a manchar a honra da nossa mãe?

– Não sei o que está falando, rapaz.

– Como não? Você traz a homenagem de outro homem para a nossa mãe?

– Ué! É a mensagem de amor do namorado dela.

– Nããããão... – gritou outra moça. – Essa loucura não pode estar acontecendo.

Nair caiu no chão, em frente à casa. Perto dela, a família estava um caos. Ninguém entendia nada. Eu, menos ainda. Olhei para o cadeirante que gesticulava vermelho de raiva. Ele tentava cutucar com uma colher a mulher ainda caída.

– Sua vagabunda, sem vergonha. Então, é isso que você faz quando diz que vai *pro* Clube de Mães nas quartas-feiras? Sua puta, desavergonhada – berrava o homem, tentando bater no que eu pensava ser a esposa.

– Não, pai! – gritou um jovem, retirando o cadeirante de perto da mulher caída. Enquanto, as mulheres acudiam a Nair.

A confusão reinava na casa. Um homem se aproximou de mim, agarrou meu braço e o sacudiu, questionando:

– Quem mandou esse troço?

– Um senhor chamado José – respondi com voz trêmula. Com medo do homem alterado.

– Quem, afinal, é esse José?

– Ele afirmou ser o namorado dela.

– Que namorado? Está louca, mulher? Olha só o que está fazendo com a nossa família.

– Também não sei o que está acontecendo, meu jovem. Fomos contratados para realizar uma homenagem romântica na Rua Alegrete. Estamos na rua e na casa. É isso que estou fazendo. Nada mais.

– Exijo saber quem é esse José! – exclamou furioso.

– Não posso fornecer os dados do meu cliente.

– Olha, ou você me diz quem é o homem que mandou essa mensagem para uma mulher casada, ou a gente quebra o seu carro. Então, vai dizer por bem, ou por mal.

Meu filho, Logan, saiu do carro com um pedaço de madeira que usamos para amarrar os balões. Fiquei ainda mais aflita. O Logan é muito nervoso e podia fazer uma besteira.

– Como é que é? Repete o que você disse para a minha mãe? – gritou ele.

Segurei meu filho pela camisa

– Pelo amor de Deus, Logan, deixa comigo.

– Não senhora, ninguém ofende a minha mãe e fica impune.

Neste instante, mais três pessoas vieram em direção ao carro

Segurando o Logan, falei alto para todos ouvirem:

– O nome do contratante é José. Vou fazer o seguinte, vou ligar para ele. Se o José autorizar, dou o número dele a vocês. Se não autorizar, não posso fazer nada.

– Tia, tenho uma notícia para você. Ninguém sai daqui sem dar o número do celular do safado – disse o rapaz.

Com as mãos tremendo de tão assustada, peguei o telefone e a planilha de dados. Afastei-me para ligar. Enquanto isso, olhei para os lados e vi que outras pessoas se aproximavam de nós. Estremeci.

Trimmmmm...trimmmmm...trimmmmm...

– Ai, meu pai me acode! Atende, José.

Trimmmmm...trimmmm.

A agonia estava me dando dor de barriga, quase borrei as calças.

– Alô!

"Ufaaaaaaaa".

– José, é a Vânia, do carro de mensagem. Estou com um probleminha. Comecei a fazer a homenagem que você me pediu.

– E ela gostou, dona Vânia?

– É isso que eu preciso ver com o senhor. Estou no meio da mensagem e os familiares da Nair querem nos bater.

– Como assim? – perguntou ele.

– Por que você não me disse que ela era casada?

– Dona Vânia, ela não é casada – ele afirmou.

– Como não? Estou aqui com o marido dela, que é cadeirante. Tenho ao meu lado dois filhos furiosos que querem o seu número de telefone de qualquer forma.

– Não sei o que está acontecendo. A senhora está na Rua Alegrete?

– Sim. O endereço está certo. A casa é branca de janelas azuis.

– Não sei a cor da casa. Agora a senhora me deixou preocupado.

– O senhor não tem noção do perigo que corro aqui! Por favor, me ajuda. Preciso de uma luz para sair dessa situação.

– Dona Vânia, tenho certeza de que minha Nair é solteira. A única pessoa doente é a mãe dela.

– E qual é o nome da mãe da Nair? – perguntei para José.

– Parece que é Almerinda.

Olhei para o homem perto de mim e perguntei:

– Como é o nome da mãe da Nair?

– O nome da minha falecida avó era Jurema. Mas o que isso tem a ver com a situação?

– A Nair do José tem uma mãe doente e parece que o nome dela é Almerinda.

– Então, tem alguma coisa errada – disse o homem com a voz visivelmente mais branda.

No meu ouvido, escutei José falando alguma coisa. Fiz sinal para todos ficarem quietos.

– Dona Vânia, a senhora está na Rua Alegrete na praia do Magistério?

– Não, seu José! Estou na Rua Alegrete na praia do Quintão.

– Ai! A senhora está na casa errada.

– Como assim, casa errada? O senhor não me falou que era no Magistério.

– E a senhora também não perguntou. Jamais pensei que existissem duas ruas com nomes iguais, uma tão perto da outra.

– O senhor não imagina a confusão que armamos e o constrangimento que eu terei de passar a partir de agora.

– Não tenho como lhe ajudar nisso.

– Tá certo, seu José. Terei de lidar com a confusão que causei sozinha.

– A senhora ainda vai fazer a mensagem para a minha Nair?

– Sim, se eu sair viva daqui.

Desliguei o telefone.

"Ufa! Menos mal", pensei.

Em seguida, olhei para a casa e não vi sinal da senhora Nair, nem do esposo. Foquei, então, no pessoal ao meu redor com cara de poucos amigos. Engoli o restinho de saliva que ainda restava em minha boca. Respirei fundo, criei coragem e com a voz trêmula consegui dizer:

– Gente, a coisa mais improvável aconteceu hoje. Fomos contratados para fazer a homenagem a uma pessoa chamada Nair que reside na Rua Alegrete. Porém, o cliente se esqueceu de dizer que era na praia do Magistério, e não em Quintão. O mais absurdo dessa confusão é que, coincidentemente, nas duas casas, com o mesmo número, moram mulheres chamadas Nair. Peço desculpas à dona Nair, ao seu esposo e também à família. Tenham a certeza de que isso nunca aconteceu antes. Estamos chateados e lamentamos a situação. Ao mesmo tempo, tenho uma notícia para dar. Para obter o perdão de vocês, comunico que a família tem uma mensagem de cortesia para usar quando desejarem. Espero que perdoem a nossa falha, grande abraço e até logo.

– *Tá* perdoada, mas você vai lá dentro explicar isso *pro* nosso pai.

– Tudo bem.

– Não precisa, moça, só queria ver se você tinha coragem. Pode deixar! Acalmaremos nosso velho.

– Obrigada pela compreensão – falei mais aliviada.

– Vá! Vá fazer a mensagem para a Nair certa – disse o rapaz, agora com um sorriso.

Puxei Logan para dentro do carro e fomos em direção ao endereço correto.

MAQUIAGEM DEFINITIVA NÃO COMBINA COM MENSAGEM AO VIVO

Era verão. O calor estava sufocante. Meu negócio estava caminhando de vento em popa. Com a correria, mal dava tempo de passar um batom básico e escovar os cabelos. Sentindo a necessidade de me produzir melhor, eu decidi usar o cabelo o mais curto possível e repicado nas pontas. Assim, bastava lavar, bagunçá-lo com um pouco de creme ou gel e pronto. Sentia-me mais bonita e preparada para agradar meus clientes.

Certo dia, no salão que ficava perto da minha loja, cortando as pontas do cabelo, ouvi falar de uma tal maquiagem definitiva. A conversa chamou minha atenção. Joana, uma veranista considerada pela mulherada da região uma pessoa chique, falava maravilhas da tal maquiagem definitiva. Enquanto eu aguardava o cabeleireiro terminar o corte, ouvi as impressões sobre o assunto. Joana dizia:

– Minha irmã fez a maquiagem definitiva nos olhos.

Sem conseguir me aguentar, interrompi o assunto das mulheres:

– Como ficou a maquiagem? – perguntei.

– Muito boa.

– E como a gente consegue fazer também?

– A maquiadora atende em Porto Alegre e região metropolitana – explicou Joana.

Olhei para as mulheres no salão e falei:

– Se o negócio é tão interessante, por que não nos unimos e solicitamos que a maquiadora venha até aqui? Ela pode atender um grupo. Fica mais barato para nós, também para a profissional. Pois ela terá um número de clientes garantido.

– Boa ideia. Vamos falar com ela – disse Rick, o dono do salão, que até o momento estava somente escutando o papo.

Dias depois, Rick avisou que a negociação tinha dado certo. A profissional precisava atender, no mínimo, oito mulheres por fim de semana. Esse número compensaria o deslocamento de Porto Alegre até Quintão. Confirmei meu nome e convidei minha amiga Regina para completar o número de interessadas.

Regina e eu ficamos ansiosas, imaginando como seria bom acordar com o contorno dos olhos pronto. Na minha cabeça, seria algo como pintura na pele. Não visualizei dificuldade alguma. Tenho este lado muito forte, nunca penso na parte negativa, só na positiva. Os detalhes não me assustam.

No dia marcado, dei um espaço de mais de cinco horas sem agendar homenagens. Das 14 às 19 horas estava marcada minha transformação. Faltando quinze minutos para a hora marcada, passei na loja de Regina para irmos juntas. No caminho até o salão, que fica a cinco quadras de nossas lojas, falamos sobre a maravilha que seria estarmos maquiadas vinte e quatro horas. Chegamos ao salão. Estava lotado. Quando a profissional me encaminhou à cadeira, perguntou:

– Você aguenta bem uma dorzinha de nada?

– Não – respondi, já sentindo um arrepio nos braços. – Sou meio fraca para dor.

– Vamos fazer o seguinte. Você toma um analgésico, enquanto esperamos ele fazer efeito, vou desenhar o formato de suas sobrancelhas com lápis.

– Está bem – eu disse. – Mas me diz uma coisa, esse negócio não vai doer, não é?

– Não, querida. Serão só umas beliscadinhas na pele.

Não senti firmeza na frase. Isso, porém, não me fez desistir. Eu queria ficar mais bonita. Encostei minha cabeça no apoio, fechei os olhos e aguardei. Enquanto a profissional trabalhava na arte da sobrancelha, foi discorrendo sobre as vantagens da maquiagem definitiva:

– Quem sabe você aproveita a oportunidade e já faz o contorno dos olhos? Seria interessante também fazer o contorno da boca. Em uma única sessão você ficará mais bonita.

– Não. Isso vai ficar fora do meu orçamento.

– Capaz, guria! Faço um preço mais em conta. Dividimos em mais vezes.

– Acho que não posso gastar tanto – insisti.

– Vamos fazer o seguinte. Você faz o pacote todo e eu dou 30% de desconto.

– Quanto ficaria? Em quantas vezes?

Assim que formulei a pergunta. A maquiadora virou-se, pegando um papel. Escreveu o valor.

– É muito caro – respondi.

– Que nada. Em Porto Alegre você pagaria trinta por cento a mais.

– Eu quero, mas você teria de facilitar o valor.

– Divido em cinco vezes. Só peço para que não comente com as outras clientes.

Levei alguns segundos para decidir. Quando me dei conta, já havia aceitado. Além das sobrancelhas, incluímos o contorno dos olhos e também o contorno da boca.

– Que bacana. Você é corajosa – falou a profissional. – Este é o tipo de mulher que admiro.

– Eu não sou de fazer as coisas pela metade. Comigo é oito ou oitenta. Quando decido não tem meio termo – afirmei resoluta.

E assim começou minha sessão de transformação. Depois de alguns minutos, a corajosa chorava feito bebê com fome.

– Para um pouco – solicitei aos prantos.

– Tudo bem, respira fundo, toma um copo d'água – disse a maquiadora.

A profissional, esperta, começou pelas sobrancelhas que não doeram tanto. O contorno dos olhos e dos cílios foi uma tortura sem tamanho. Mas conseguimos finalizar depois de uma hora e meia. O pior terror aconteceu quando chegou a hora de fazer o contorno da boca. Vi estrelas. Não é uma dor que se explica.

– Oh! Vou morrer.

Durante o período em que fui massacrada, tive a necessidade de pedir à maquiadora para parar diversas vezes. Nas primeiras solicitações, ela me atendeu. Na quarta ou quinta vez, ela se fez de surda. Então, resolvi chamar a atenção dela. Bati na mão da maquiadora.

– Por favor, dá mais um tempo – supliquei.

– Toma mais um analgésico – orientou a maquiadora alcançando um copo d'água e entregando-o junto de um comprimido. Tomei-o, enquanto as lágrimas escorriam no meu rosto.

– Não chore. O trabalho ficará comprometido – falou com impaciência.

Cerca de meia hora depois, não aguentei e, outra vez, pedi para parar. Ela continuou se fazendo de surda. Foi quando não aturei mais.

– Para, por favor.

A profissional me olhou com uma cara furiosa. Não entendi por que ela estava tão irritada, até que ela sinalizou para a sala de espera. Olhei de canto para as mulheres que aguardavam. Acho que, com meu choro, passei um pouco de insegurança a elas. E isso não era bom para a maquiadora. Alguma das clientes que aguardavam poderiam desistir. Decidi, então, que pelo bem geral, aguentaria firme até o fim da sessão. Sem interrupção, eu me livraria do martírio mais rápido.

– Está pronta, querida.

Ao ser liberada, me olhei no espelho.

– Meu Deus! O que é isso?

O meu rosto estava inchado e o contorno dos olhos estava um breu. A cor preta sobressaia na minha pela clara. Olhei para as mulheres e nenhuma se manifestou. Virei mais uma vez para o espelho e percebi que a sobrancelha esquerda estava mais alta, mais erguida que a direita. Não acreditei no que vi. Baixei a cabeça e levantei outra vez o rosto para o espelho. Eu não queria acreditar no que ele mostrava. A sobrancelha mais alta me deixava com ar de dúvida. Eu parecia aquele tipo de vendedor português, em meio a uma praça em Lisboa, dizendo "Pois, pois!".

– Não é isso que eu queria – berrei aos prantos, enquanto atirava o copo de água no chão. O vidro estraçalhou, assustando as clientes.

– Calma, minha filha. Hoje está forte, com o passar dos dias ficará mais suave – disse a maquiadora.

– Calma coisa nenhuma. Estou parecendo um monstro!

A boca vermelha, inchada, com o contorno enorme, largo, quem me visse juraria que eu tinha levado um soco.

– Minha nossa! Que pavor! Pareço a Morticia Addams loira – eu disse, debulhando-me em lágrimas.

– Fica tranquila. Seu rosto vai desinchar em algumas horas. – orientou a maquiadora. – Não se esqueça de manter a maquiagem umedecida com a pomada apropriada...

Antes de terminar de falar, ela pegou no meu braço e me conduziu até a saída, querendo se livrar de mim. Paguei pelo trabalho, acenei um tchau para Regina e segui para minha loja. Enquanto caminhava, fazia questão de olhar para as pessoas. Queria confirmar que elas também estavam me achando um horror. Ao entrar na loja, olhei para as funcionárias.

– Oi, gurias. Olhem como ficou minha maquiagem definitiva. O que vocês acharam?

– Legal – uma delas disse.

Como a loja estava cheia, não dei importância à resposta. Segui em direção ao escritório para ver meu marido.

– Ficou legal? – perguntei, esquecendo-me de que ele fala exatamente o que pensa. Meu marido não mexeu nenhum músculo do rosto enquanto se aproximava de mim.

– Isso não está meio estranho? – perguntou ele delicadamente.

Minhas lágrimas voltaram a rolar. O que eu havia sentido no salão, ele acabava de confirmar.

– Está grotesco? – perguntei na esperança de ele negar.

– Amor, olha, não vou dizer nada. Só acho que você deve voltar lá e pedir para alinhar a sobrancelha direita com a esquerda. Porque do jeito que está, fica meio estranho.

Muda, fui para ao banheiro. Fiquei lá por vários minutos. Chorei sem parar, até eu ouvir os passos. Alguém bateu na porta. Eu abri e me deparei com minha irmã.

– Vânia, não se desespere. Para de chorar. Com os olhos inchados o aspecto fica bem pior. Vai para casa e coloca gelo para desinchar. Amanhã, mais calma, procura a maquiadora. Depois que ela endireitar a linha da sobrancelha o trabalho vai ficar bonito. Hoje está meio estranho. Tenha calma.

– Se está tão feio assim, como vou fazer as homenagens da noite? – indaguei.

– Deveria ter pensando nisso antes. Agora não tem jeito.

– Eles não me avisaram que ficaria assim.

– Mas agora não tem outra solução. Temos de pensar em uma forma de não prejudicar seu trabalho.

– Já sei! Óculos vão ajudar a disfarçar – falei.

– E a boca? – perguntou ela.

– Vou pintar de vermelho. Em cima coloco *gloss*. Não vai aparecer tanto.

– Isso, mesmo. Quem sabe fica com uma aparência melhor?

Foi o que fiz. Logicamente, ficou muito estranho uma mensageira de óculos escuros à noite. Bocão inchado. Mas naquele dia tudo bem. Não tínhamos como desmarcar as homenagens e Logan não conseguiria realizar o trabalho sozinho. Eu teria que encarar a tarefa.

Já na primeira homenagem da noite, não conseguíamos achar o número da casa. Logan, que estava dirigindo, estacionou perto de um poste de luz.

– Mãe, vou procurar onde fica a casa deste número.

Ele desceu do carro e caminhou na direção leste para procurar a residência. Como estava uma noite quente e abafada, também resolvi sair do carro. Encostei-me ao poste de iluminação. Fiquei aguardando Logan voltar. Sem os óculos de leitura ficava difícil enxergar as informações da planilha. Minha intenção era encontrar o número do telefone do cliente. Talvez meio grogue por conta da quantidade de remédio para a dor, não me dei conta de que um carro encostou ao meio fio, quase roçando em minhas pernas.

– Oi, moça.

– Desculpa, não vi o senhor aí.

– Tudo bem. Mas viu agora.

– É verdade.

– Boca bonita você tem – ele disse.

Sem entender o que o homem queria, comecei a falar:

– O senhor nem imagina o que aconteceu hoje.

– Sempre tem coisas acontecendo neste mundão – ele respondeu.

– Ainda bem, o mundo não pode parar.

– Estás trabalhando agora?

– Claro.

– Quanto custa o *seu trabalho*?

– Dependo do que o cliente deseja ou precisa.

– O que os clientes normalmente pedem mais?

– Tenho clientes que querem agradar mais, outros menos. Vai depender da intenção.

– Mas diga, mais ou menos, quanto.

– Em torno de quarenta reais.

– Quanto tempo?

– Quanto tempo o quê? – perguntei.

– Quanto tempo de duração?

– Vinte minutos.

– Só isso? Não tem como demorar mais?

– Neste caso, cobro o dobro – argumentei.

– Ah! Não importa. Eu quero.

– Quer mesmo?

– Sim. E quero o serviço completo.

– O nosso serviço sempre é completo.

– Eu quero bem demoradinho.

– O tempo de cada uma, como eu disse, é no máximo vinte minutos.

– Nossa! Você cronometra?

– Claro. Com um trabalho bem caprichado, consigo agendar de oito a dez por dia.

– Não! Nem me conta. Se não, eu desisto.

Como continuava grogue, eu não conseguia enxergar a informação que procurava na planilha, decidi jogar o material dentro do carro e pegar uma folha de ofício em branco para anotar a encomenda do homem. Ao me inclinar janela adentro, ouvi um gemido. Virei o mais lentamente possível porque minha cabeça ainda estava esquisita.

– Não faz assim! – ouvi o homem exclamar.

– Assim como?

– Pronto! Já decidi. Quero aqui e agora. Entra no carro.

– Como entrar no carro? O serviço a gente faz aqui fora.

– Sem brincadeira. Entra no carro, guria.

– Calma, senhor! O meu auxiliar foi conferir um endereço, vamos trabalhar em uma dessas casas da vizinhança.

Sentindo uma ardência na boca, instintivamente, passei a língua lentamente nos lábios doídos para aliviar a dor.

– O meu rapaz já está vindo e atende o senhor – completei.

– Não curto muito homem. Quero você!

– Espera um pouco. O senhor está entendendo mal...

– Fica tranquila. Sei como é.

Como se um raio tivesse atingido minha cabeça e com os sentidos mais alertas, perguntei:

– O que o senhor acha que eu faço?

– Programas. Não é isso?

– É claro que não – respondi indignada, afastando-me.

Ele abriu a porta do carro e me seguiu.

– Espera moça. Desculpa. É que eu vi você encostada no poste, de pernas cruzadas, saia curta e esse bocão vermelho, pensei que fazia programa. O que é muito comum, ainda mais numa praia.

Colocado desse jeito, até que fazia sentido...

– Não. O senhor está enganado. Fazemos mensagens ao vivo e estou esperando meu filho que foi procurar o endereço do nosso próximo trabalho. Eu estava tentando achar o número do telefone do cliente nesta planilha. Por esse motivo, eu estava parada aqui no poste.

– Peço perdão mais uma vez.

– Deixa pra lá. Hoje meu dia não pode ser chamado de normal – respondi, enquanto abria aporta do nosso Uno.

Ele deu de ombros e caminhou em direção ao carro dele, parecendo constrangido. Pouco depois, vi faróis atrás de mim.

"Ainda bem que vai embora, seu abobado", pensei.

O carro avançou lentamente e emparelhou do meu lado; freou.

– Moça, eu gostei de você – ele disse.

– Se manda daqui, seu tarado.

– E se eu pagasse bem por um boquete rápido? O que acha?

– Acho que estás prestes a ver seu carro quebrado a pedradas. Por mim ou por meu filho que está vindo ali. Apontei para o Logan.

Acho que ele nem ouviu tudo, pois o carro saiu em disparada pela rua escura. Fiquei bufando de raiva:

– Não quero mais saber dessa tal de maquiagem definitiva. Ela só deu confusão. Ficou feia e ainda terei de sofrer para arrumar.

DANÇA DO VENTRE: O DIFERENCIAL

Já fazia 4 anos que estávamos com o carro de mensagens. A cada novo ano era necessária a inlcusão de um diferencial. Eu estava pensando em algo que poderia inventar de diferente. Levei algum tempo para decidir. Um dia, conversando com uma cliente da loja, ela me contou que era professora de dança do ventre. Minha mente emitiu um sinal de alerta. Olhei bem para ela e vi uma linda jovem de corpo escultural. Imaginei a bela morena gingando em meio a véus e brilhos. Pensei também no quanto me renderia o novo atrativo.

Perguntei à cliente:

– Você gosta de dançar?

– Adoro.

– Tenho uma proposta para fazer. Que tal ganhar um dinheiro extra?

– Fazendo o quê?

– Dança do ventre junto do meu carro de mensagens. Uma dança somente.

– Quanto tempo dura uma música?

– Uns cinco minutos, não mais que isso.

– Ótimo.

– E o que acha de ganhar 25 reais por apresentação?

– Eu toparia com certeza – disse ela. – Mas tenho de conversar com meu noivo.

– Tudo bem. Conversa e me avisa. – Pego você na sua casa e depois da mensagem levo de volta. É coisa rápida. Podemos experimentar hoje à noite. Aproveitamos que é sábado e a praia está cheia.

– Você dá uma hora para eu confirmar?

– Claro, sem problemas. Fica tranquila, será um trabalho bacana.

Assim que a moça saiu da loja, corri para contar a meu filho.

– Você nem imagina o que vamos fazer de diferente no carro de mensagens?

– *Xiiiii.* O que inventou agora? – perguntou Logan.

– Vamos oferecer aos clientes uma dança do ventre?

– Não vai funcionar, mãe. Quem faria essa dança?

– A fulana que saiu daqui agorinha.

– Mãe, ela é linda. Os homens vão querer agarrar a mulher. Pode ser um problema.

– Não será. Ela ficará escondida dentro do carro. Igual à moça do coração gigante. E só sairá para se apresentar. Depois, voltará para o carro. Nós dois podemos cuidar dela.

Logan balançou a cabeça.

– Acho que não teremos problemas – ele disse.

– Pode dar certo sim.

– E como vamos divulgar a novidade?

– Deixa comigo. Ainda hoje faremos a propaganda.

– *Aiaiai!* Já *tô* vendo tudo. O que você vai aprontar?

– Fica sossegado. É só esperar a confirmação da moça, então teremos um show digno de Hollywood.

Comecei a bolar meu plano para divulgar a atração ao maior número de pessoas. Em poucos minutos, minha estratégia estava montada. Era só aguardar a moça. As horas foram passando e nada dela ligar. Comecei a ficar impaciente. Para que eu fique ansiosa não precisa de muita coisa. Duas horas foi o máximo que consegui esperar, não me contive e fui até a casa dela. Chegando, encontrei a moça de biquíni, tomando banho de sol.

– Oiiii. Estou precisando da resposta porque estou bolando algo bem legal para divulgar sua dança.

– Mas já para hoje?

– Sim. Não podemos perder tempo. Então, topa?

– Meu noivo não gostou da ideia. Por ele, eu não aceitaria. Mas como não estou doida para rejeitar grana extra, aceito.

– Iupiiiii! – gritei. – Ótimo, agora já posso organizar tudo. Fique pronta para as 20h45.

– O.k., estarei prontíssima.

Ninguém sabia o que eu estava aprontando. Deixei a equipe da loja curiosa. Imprimi uma mensagem romântica sem o nome do homenageado. Meu marido fez o quadro na correria e nem percebeu a falta do nome. Perto do horário de buscar a moça, chamei minha irmã, gerente da loja. Instruí que, faltando cinco minutos para as 21 horas, ela deveria fechar as portas da loja. Ela não entendeu, mas concordou. Saímos para fazer a homenagem. Buscamos a dançarina que estava linda, bem maquiada, vestindo um biquíni azul bordado de pedrarias. A roupa azul fazia contraste com a pele morena. As tiras transparentes do tecido azul envolviam o mulherão da cintura para baixo. Ao caminhar, ela deixava à mostra as lindas coxas. Os cabelos longos e castanhos, levemente cacheados, completavam a figura exótica. Quando a vi tive certeza de que meu plano seria um sucesso. Com ela dentro do carro, contornei a quadra da nossa loja e parei na esquina. Logan sem entender questionou:

– Mãe, o que está acontecendo? Pode fazer o favor de me contar?

Sorri para ele.

– Claro, filho. Vamos fazer uma mensagem romântica para seu pai.

– Ué! A troco de quê? Não é aniversário dele. Não entendi.

– Filho, não tem forma mais rápida de fazer as pessoas saberem que temos uma linda dançarina do ventre como diferencial.

– Continuo sem entender.

– Pensa comigo. Hoje é sábado. Olha ao seu redor. Viu quanta gente?

– Por isso mesmo é que não entendi o que você vai fazer – ele reclamou.

– Vou atravessar o carro na rua. De ré para a entrada da loja. Faremos uma mensagem romântica para seu pai. No fim, em vez de colocar uma música romântica, anuncio uma surpresa. A dançarina desce do carro e fará o *show* na escadaria da entrada da loja. Já combinei que a porta vai estar fechada.

– *Tô* dizendo. Só você pra inventar uma coisa dessas.

Logan riu e foi me ajudar.

A mensagem correu conforme planejado. O que não estava nos planos foi a quantidade de pessoas que apareceram na rua. Tínhamos combinado apenas uma música. No entanto, ao ver a plateia, a dançarina se entusiasmou e não parou. Em dado momento, vi a sirene da caminhonete da Brigada Militar vindo em nossa direção.

– *Xiii.* Teremos problema – falei para o Logan.

– Não esquenta, mãe. Foi uma sacada genial.

Da caminhonete da BM saíram quatro soldados.

"Ai, meu Deus! O que eles farão?", pensei.

Para minha surpresa, passaram direto por nós. Caminharam até a quadra seguinte e começaram a desviar os carros para não atrapalhar o *show*. Então, instruí minhas funcionárias a distribuir nosso *folder* para as pessoas que assistiam. Meu marido se aproximou de mim e disse:

– Que ideia brilhante, mulher.

– Gostou?

Ele riu e disse que adorou. Em seguida, perguntou:

– A dançarina é mesmo meu presente. Posso levar para casa?

Olhei com cara de brava.

– Olha o perigo! – ameacei.

– Ué, mulher. O presente logicamente deve acompanhar minha mensagem.

– Toma jeito, se não passo o relho em você – brinquei, ciente da provocação.

Antes de findar a apresentação, já tínhamos contabilizado cinco encomendas para a semana seguinte. O objetivo fora atingido com sucesso. Encerrada a dança, para evitar o assédio, colocamos a moça rapidamente dentro do carro e a levamos para casa. Daquela noite em diante, a mensagem com a dança do ventre era uma das mais solicitadas.

5º Ano

O empreendimento: atingindo a maturidade

CONFRONTO COM A LEI

Após quase cinco anos atuando com homenagens, eu acreditava que já tínhamos passado por todo o tipo de situação. A única coisa com a qual não havíamos "batido de frente" era com a lei.

Não gosto muito de comprar produtos nos camelôs. Geralmente, os produtos vêm do Paraguai e mesmo sendo a terceira maior zona franca de comércio do mundo, ainda me sinto preocupada com a qualidade. Entretanto, em alguns casos, a diferença gritante de preço faz valer a pena correr certos riscos. Foi dessa forma que pensei quando adquirimos um giroflex.

Nossa agenda continuava lotada até altas horas da noite. O procedimento padrão para encerrar uma mensagem era o seguinte: sair da casa com a música tocando, o capô do carro levantado e as luzes ligadas até a esquina mais próxima. Quando chegávamos à esquina, eu parava o carro e Logan descia para retirar o coração, o giroflex e fechar o capô traseiro.

Certa madrugada, por volta das 2 horas da manhã, Logan e eu, retornando de um trabalho, mas com o som e as luzes ainda ligados, entramos na Esparta, principal via de acesso à nossa praia. Como estava uma noite quente, a avenida estava cheia de pessoas caminhando. Com o objetivo de fazer propaganda, decidimos não retirar os acessórios. Como se estivéssemos fazendo uma homenagem, rodávamos vagarosamente pelo asfalto. De repente, escutei a sirene da polícia. Sem imaginar o que havia de errado, continuamos com nossa propaganda.

– Encosta, encosta logo – gritou o policial, assustando-me.

Eu estava na direção do carro, olhei para o lado esquerdo e vi a caminhonete da Brigada Militar (BM) emparelhando ao meu lado. Dentro dela, um soldado apontava em direção ao meio-fio da calçada enquanto dava a ordem.

– Encosta!

Sem entender o motivo conduzi o carro até o meio-fio. Na minha frente, de forma abrupta e com grande estardalhaço, estacionou a caminhonete da BM. De dentro dela, saíram cinco soldados, quatro homens e uma mulher. Enquanto vinham em nossa direção, eu, dentro do carro, comecei a tremer. Tenho pavor de polícia, não sei a razão. Olhei para eles e para as pessoas caminhando nas calçadas. Elas diminuíram o passo. Imaginei que era para ver o que aconteceria conosco.

– O que vocês pensam que estão fazendo? – continuou a gritar o soldado. Eu, pelo menos, achava que era soldado. Não sei diferenciar as patentes militares.

– Não entendi – falei num tom de voz alto por causa do volume do som.

– Desliga o som.

– O.k.

– Perguntei o que vocês pensam que estão fazendo? – repetiu.

– Estamos voltando de um trabalho de mensagem ao vivo.

– Circulando na avenida com o carro desse jeito?

– Sim. É desta maneira que fazemos uma mensagem ao vivo – expliquei.

– Desçam e encostem-se ao carro.

– Por que isso? – indaguei. – Não somos bandidos.

– Desçam devagar e com as mãos visíveis.

– Vamos descer.

Mentalmente, pedi a Deus que Logan mantivesse a calma. Ele é bravo, não leva desaforo para casa. Era capaz de discutir e, com esta atitude, ter complicações sérias.

– Encostem-se à parte de trás do carro, mãos na cabeça e abram bem as pernas – ordenou o soldado, ainda gritando.

Enquanto eu obedecia, pensava o seguinte: "Meu pai do céu! O que eu fiz para merecer isso? Que vergonha! Amanhã todos em Quintão comentarão nosso vexame. E eu não gosto de ficar na boca do povo".

Após uma minuciosa revista, o BM que estava no comando, voltou a se manifestar:

– Habilitação, identidade e documento do veículo.

Com as mãos tremendo mais do que se eu estivesse sentada num fio elétrico desencapado, virei-me para entrar no carro e pegar a bolsa no banco de trás. Demorei alguns segundos para achá-la. No interior do nosso "show sobre rodas", a bagunça reinava. Abri a bolsa, mas daí não conseguia encontrar a carteira.

– Vamos logo com isso – o soldado reclamou.

– Calma! Estou procurando.

– Procura com tranquilidade, mãe – ouvi Logan dizer em meu ouvido direito. A frase me surpreendeu. Justo meu filho falando em manter a calma.

– Só falta dizer que esqueceu os documentos em casa – provocou o soldado.

Depois de revirar o conteúdo da bolsa por algum tempo, consegui encontrar a carteira no meio de batons, escova de cabelo, prendedores, perfumes e aquelas tralhas que nós mulheres costumamos carregar. Entreguei os documentos ao homem que falava comigo. O soldado foi até a viatura, certamente para conferir a veracidade dos documentos.

Depois de alguns minutos, que a mim pareceram horas, o soldado voltou, gritando ainda mais alto:

– Abaixa a porta traseira e desliga o giroflex.

– Por que isso? – perguntei.

– Vocês não podem utilizar essa parafernália pela avenida afora.

– Como não? Faz mais de quatro anos que trabalho com este aparato.

– Se estou dizendo que não podem, é porque estou certo da lei.

– Não estou trabalhando de forma ilegal – afirmei.

– Mas a senhora está totalmente errada, não pode circular pela avenida com a porta traseira levantada, impedindo a visão da placa. Nem com som alto desse jeito. O cidadão comum também é proibido de usar giroflex na cor vermelha e amarela. Esse é um aparelho de uso exclusivo da segurança pública.

Mesmo sabendo que seria inútil discutir meu ponto de vista, resolvi continuar argumentando:

– Ninguém me explicou isso quando comprei o giroflex.

– No mínimo, comprou no Paraguai – ele retrucou.

– Não senhor. Comprei em Porto Alegre.

– Então, apresenta a nota fiscal.

Foi aí que lembrei que tinha comprado o equipamento de um camelô. As mercadorias que ele vende, se não me engano, vem do Chuí.

– Não tenho a nota – respondi desta vez com voz trêmula.

– Então, teremos de recolher o equipamento.

– Como assim, recolher? Esta é uma atitude arbitrária.

– Eu sou executor da lei. Você está utilizando equipamento proibido.

– Qual é o seu nome e a sua patente? – questionei.

– Sou sargento.

O sargento se virou para o colega e ordenou:

– Se eles não entregarem o aparelho, guinchem o carro.

Então, saiu em direção à viatura.

A atitude do soldado me aborreceu profundamente. "Quem ele pensa é para me tratar desse jeito? Até parece que sou uma bandida. Isso não vai ficar assim."

Saí ao encalço do sargento em direção à viatura. Segurei o braço dele. Quando ele se virou, despejei minha indignação.

– Sou empresária e moradora da praia há mais de vinte anos e não uma contrabandista. Também sou cumpridora da lei.

– Já que esta mulher questiona minha autoridade. Chamem o guincho imediatamente – disse ele alto, entortando a boca para o lado e me olhando como se eu fosse uma idiota.

– Aqui está o produto.– ouvi meu filho dizer, enquanto entregava o giroflex a um soldado.

Depois de chegarmos em casa e contando para meu marido o ocorrido, ele comentou:

– Concordo com a atitude do sargento. Compramos um assessório trazido de fora do país. E, para agravar, de uso exclusivo da segurança pública. Você ainda queria questionar o homem? Não sei como não foram presos.

Será que vale a pena comprar um produto ilegal? Até vale, mas se pensarmos apenas no preço. Alguns produtos chegam a ser muito mais baratos, no entanto, o risco que corremos é muito grande.

A HOMENAGEADA DESCONHECIDA

Certo sábado, soube que minhas funcionárias tinham marcado uma homenagem para o dia seguinte às 16 horas. A notícia não me agradou porque, coincidentemente, era também meu aniversário. Brincando, sempre digo às pessoas que este é o dia mais importante do ano. Entretanto, eu não deixaria de cumprir a agenda, porque compromisso aceito é compromisso cumprido. Sou uma pessoa de palavra.

Luciana era o nome da aniversariante. Tudo certo. Na hora marcada, estacionamos no local. Estranhei o endereço. Aquela casa pertencia à minha comadre Vera. Mas, ainda assim, fazia sentido porque a casa estava sempre alugada.

Manobrei de ré, entrei no pátio e Logan colocou a música. Mais uma coincidência, era uma das minhas músicas preferidas.

Desci do carro, organizei o microfone e chamei a aniversariante.

– Olá aniversariante do dia. Luciana, venha aqui receber sua homenagem.

Silêncio.

– Apareça, Luciana.

A música continuava tocando e nenhuma alma viva apareceu. Fui até o carro e disse para o meu filho:

– O que será que aconteceu?

– Não sei, mãe.

– Será que estamos de novo no endereço errado?

– Imagina! Ela deve estar no banho.

– Não acredito que, mais uma vez, vamos ter de esperar a pessoa sair do banho – reclamei.

– Vou ligar para a tia Denise e confirmar o endereço – disse Logan.

– Faça isso. Vou tentar espiar pela garagem e ver se enxergo alguém.

– O.k. Não vá longe, mãe.

Enquanto Logan ligava para minha irmã, eu resolvi dar a volta pela casa. Entrei na garagem que estava aberta e me dirigi aos fundos da residência. Caminhava a passos lentos, um pouco apreensiva, porque tenho medo de cachorro desde que fui mordida quando pequena. Quando me aproximei da porta da cozinha, vi uma saia esvoaçante. Imaginei ser a moradora ou uma convidada.

– Oi. Posso falar com a senhora? – perguntei.

Ela, sem olhar para trás, entrou por uma porta e a fechou rápido. "Que coisa esquisita. Não estou gostando disso", pensei. Como vi movimento na casa, voltei para o carro e chamei a aniversariante.

– Olá, pessoal. Chamem a Luciana, por favor.

Ninguém apareceu.

– Logan, vou ver o que está acontecendo.

Lentamente, voltei até o local onde tinha visto a saia esvoaçante. Mexi na fechadura por onde a pessoa entrou. Estava trancada. Continuei a procurar. Vi uma janela de vidro e alumínio. Caminhei em direção a ela. A janela era alta, então, estiquei-me e tentei espiar. Como num passe de mágica, a cortina foi puxada, impedido minha visão.

– Que coisa chata! Parece que tem fantasma nesse lugar. Vou embora.

Dei meia volta e me dirigi para o carro. Estava chegando na garagem, quando ouvi risos abafados. Senti um arrepio.

"Definitivamente é uma casa de malucos."

Chegando ao carro, perguntei a Logan.

– Conseguiu confirmar o endereço?

– Não, mãe. Ela não está atendendo.

– Então, vamos embora. Não vou ficar esperando feito uma palhaça.

– Calma, mãe.

– Você pretende ficar esperando até quando, Logan?

– Chama mais uma vez. Quem sabe aparece alguém.

– Passa o microfone – eu disse resignada.

– Olá pessoal. Estamos aqui para realizar uma homenagem. Se ninguém aparecer, vamos embora.

Então, a porta da sala se abriu e uma cadeira de vime foi empurrada para fora. Sentada nela, uma boneca gigante.

"Nossa! Que coisa mais maluca", pensei.

Sem entender, olhei para Logan e perguntei:

– E agora? O que é isso?

Ele levantou os ombros como se dissesse "sei lá".

Sem titubear, dei meia volta. Entrei no carro. Atirei o microfone no banco traseiro. Logan me seguiu. Engatei a ré e fui saindo do pátio da casa. Então, ouvi Logan suspirar e falar.

– O que é isso, mãe?

– Não sou palhaça de ninguém.

Naquele momento, meu raciocínio lógico estava desligado. As mãos tremiam. Meu sangue fervia igual à chaleira de água. Eu tinha plena certeza que estávamos sendo vitimas de uma armação. Desta vez, não permitiria. Não na minha cidade. Saí com o carro pela rua.

– Muita calma nesta hora – disse Logan. – No que você se baseia para dizer uma asneira dessas?

– Não tem ninguém na casa. No mínimo é mais uma sacanagem. Não farei parte disso.

– Mãe, por favor. Para esse carro.

A voz do Logan saiu diferente. Pisei no freio.

– Pronto. Agora desembucha – falei.

– Você não percebeu a coisa mais importante no local?

– O quê?

– Você confia em mim, mãe?

– Sim.

– Nós vamos voltar àquela casa, você vai manter a calma e prestar a atenção no que vai acontecer. Promete?

– Prometo. Você tem certeza de que não é um trote?

– Tenho.

Voltamos e cumpri o prometido. Enquanto a música tocava, olhei mais atentamente para a boneca gigante. Era do tamanho de uma pessoa. A cabeça tinha sido feita com uma bola de isopor, cabelos longos loiros, braços e pernas de tecido com enchimento. Mas o que chamou minha atenção foram as roupas. A saia, a blusa e até os sapatos, eu conhecia. Eram meus preferidos.

Plim!!!! A ficha finalmente caiu. A homenagem era uma brincadeira com certeza. Então, resolvi entrar no jogo.

– Ora, ora, a aniversariante de hoje apareceu – falei em tom de sátira. – Querida Luciana. Hoje é seu aniversário. Você se lembra de quantos aninhos está fazendo? Ah! Não? Então eu vou contar. Você está completando...

Como os convidados perceberam que eu tinha entrado na brincadeira, um a um foram saindo da residência com flores e balões nas mãos. Avistei minha irmã e minhas amigas.

A surpresa rendeu uma tarde maravilhosa com muito riso e brincadeira. Naquele ano, comemorei meu aniversário de forma diferente. Estava com minha irmã e amigas especiais. Pessoas que nem sempre tenho contato a todo o momento, mas que amo acima de tudo.

MENSAGEM PICANTE

– Sua inconsequente!

Um dedo em riste se agitava próximo ao meu nariz.

– Isso é passível de acontecer – argumentei ofegante.

Homenagens românticas e picantes eram o meu forte e o meu fraco. Eu adorava incrementá-las. Além de gostar do que eu fazia, encantava-me o fato de poder tocar o coração das pessoas por meio das palavras. Fazer com que alguns momentos da vida do homenageado fossem especiais. Tão especiais que acalentassem os dias sombrios. Que, aliás, todos nós, em algum momento, atravessamos.

– Sabe qual é o seu problema?

"Claro, senhor irritadinho, por favor, conte-me qual é o meu problema. Estou louca para saber a sua opinião", pensei.

– Você é uma grande irresponsável – ele completou. – Como faz uma homenagem sem confirmar tudo? Isso é incompetência.

– O senhor não me deixou explicar.

– Vê? Já está arrumando uma desculpa esfarrapada. Minha filha, não tem como perdoar o que você fez hoje.

Fomos contratados para realizar uma Loucura de Amor em uma cidade a 230 km da nossa. Tínhamos sido bem pagos e estimulados por uma gorda gorjeta. Para evitar atropelos, chegamos com 1 hora de antecedência. Na época, o sistema GPS não era operacional como nos dias atuais. Então, perguntamos num posto de gasolina onde ficava a rua da homenagem. Pela informação, em 8 minutos estaríamos no endereço. Ao chegar, não encontrávamos o número informado.

– Mãe, fica no carro que vou perguntar por aí – disse Logan.

Sentada no carro comecei a mexer no celular. Enviei mensagem para meu marido, avisando que já estávamos na cidade. Como Logan demorou, peguei a planilha onde constavam os dados da encomenda. Vi o número do celular do contratante. "Vou ligar para o João e pedir mais detalhes sobre o endereço."

Trim. Trim...Trim. Caiu na caixa de mensagens.

Comecei a ficar apreensiva. Resolvi descer do carro. Olhei para frente e vi um armazém na outra esquina, pensei em pedir informações. Quando eu estava fechando a porta do carro ouvi um *toc toc* atrás de mim. Uma senhorinha pequena e de cabelos branquinhos como a neve me encarava sorrindo.

– Moça, que bom que encontrei você aqui no centro.

– Olá! Como está a senhora?

– Estou bem, minha filha. Escuta, você me dá um autógrafo?

– Autógrafo?

Estranhei o pedido. Levei alguns segundos imaginando por que alguém pediria algo assim, mas fiquei com vergonha de perguntar.

– Sim, querida! – ela respondeu com um sorriso contagiante.

Concordei com a cabeça.

– Vou pegar um papel no carro – respondi.

– Não precisa. Tenho minha caderneta de autógrafos. Ela abriu a bolsa de brim enorme. Pensei que se fosse contorcionista, com certeza, caberia dentro da bolsa.

– Achei! Exclamou feliz. Assina aqui.

– O.k.

Peguei a cadernetinha rosa choque que me remeteu à adolescência, quando eu assinava os diários das amigas.

– Qual é o seu nome? – perguntei.

– É Catarina. Sabe que adorei o seu desempenho ontem à noite.

Sem saber o que responder, agradeci e assinei. Entreguei o diário à senhorinha, despedi-me com dois beijinhos na face dela, alegando pressa e comecei a caminhar em direção ao armazém.

Ao entrar no armazém, vi Logan chegar junto comigo. Confirmei o nome da rua. O dono do armazém pareceu mais curioso do que o usual, perguntando:

– Quem vocês procuram?

– A Terezinha – falei.

– Sei onde ela mora – retrucou resoluto.

– Onde?

O dono do armazém olhou para o outro lado da rua e apontou uma grande construção. Um prédio antigo, amarelo pálido, a uns 800 metros dali. Agradeci e saí. Logan me acompanhou. Assim que pisei na calçada, percebi que a senhorinha estava conversando com duas amigas.

– Vamos caminhar rápido – falei para Logan.

– Por quê?

– Acho que aquela vovó me confundiu com alguém. Pediu autógrafo.

– Nossa! Está famosa, hein? – debochou Logan.

– Vai se "afumentar" – respondi na gíria que usamos no Sul para mandar uma pessoa parar de caçoar.

Ao chegar ao local indicado, vi uma construção com amplas janelas marrons, que deixavam o local parecido com uma colmeia gigante. Jardins bem cuidados e árvores frondosas completavam a paisagem bucólica. O sol estava se pondo.

– Será que este é o endereço certo? – perguntei ao Logan, preocupada com o silêncio reinante.

– Não sei, mãe. Mas está estranho.

– Bom, só nos resta chamar a homenageada. Coloca a música.

Desci do carro com um coração vermelho. Amarrei-o na porta traseira junto aos balões. Coloquei o novo giroflex que comprei em loja especializada e na cor correta. Depois peguei o microfone e o quadro. Comecei a falar no microfone:

– Olá, pessoal. Estamos aqui para fazer mais uma homenagem. A homenageada desta tarde é uma pessoa muito especial. Uma musa inspiradora. A mulher mais amada deste mundo. Terezinha venha receber sua mensagem.

Algumas janelas do segundo piso da casa começaram a se abrir. Avistei algumas mulheres, a maioria delas idosa.

Olhei para o Logan, levantei as sobrancelhas em sinal de interrogação. Logan levantou as duas mãos para o alto como se dissesse "Tá perguntando pra mim?".

Chamei pela segunda vez a homenageada. Desta vez, imitei o Chacrinha.

– Terezinha... huuuuuuuuu. Terezinha... huuuuuuuuu...

O silêncio continuou.

– Por favor, senhoras, é possível chamar a Terezinha?

– Ela já vem – disse uma voz, vinda da primeira janela à esquerda. Era uma senhorinha de óculos de aro redondo, tipo que John Lennon usava, e cabecinha branca. Foi a primeira voz que ouvimos algo desde nossa chegada.

– O.k. – respondi. – Aguardaremos a honrosa homenageada com mais música. Venham aqui fora festejar com a Terezinha.

Algumas cabeças se moveram em sinal de negativa.

Aquele silêncio estranho me inquietava bastante. Meu instinto, em geral, não falha. Acerto quase cem por cento. Neste momento, meu instinto sinalizava problemas.

"Nada de pessimismo. Não tem nada de errado", pensei

Resolvi diminuir o volume da música e chamar mais uma vez a homenageada.

– Pessoal. A Terezinha vai demorar?

– Ela já está indo – gritou outra senhora.

As vozes das amigas da Terezinha pareciam sussurros. Os minutos passavam, enquanto o vento assobiava mais forte e o céu escurecia rapidamente. Em dado momento, já angustiada pela demora da homenageada, percebi uma mão acenando da segunda janela à direita.

– Olá. É você a Terezinha?

Uma senhora de cabelos cinza encaracolados, blusa em tom areia, fez que sim com a cabeça.

– Então, já que a Terezinha chegou vamos começar a ler a mensagem. Terê, querida. Porque você é a minha essência, o meu tesouro, é que penso em você a cada momento. Como nossa história é inusitada e emocionante, acho que deve ser dividida com outras pessoas. Quantas saudades, minha amada. Seu olhar azul, como a profundeza do mar, *me* faz falta. Seu silêncio me intriga e, ao mesmo tempo, *me* fascina.

– Não, não, não.

Ouço o murmúrio de uma voz fininha.

Na ânsia de continuar a ler as belas e românticas palavras, não dei bola para o "não" da Terezinha. Continuei a ler cada vez mais empolgada.

– Lembro-me das minhas mãos segurando seu rosto adorado. Sonho todas as noites com nossos sigilosos momentos.

– Para com isso! – gritou a mulher que estava ao lado da Terezinha na janela.

Percebi que Terezinha baixava a cabeça até se encostar ao marco da janela. Coitadinha. Ela estava com muita vergonha, mas continuei a leitura:

– Tua pele lisa e acetinada lembra a mais pura e macia seda. Minhas mãos atrevidas, subindo por suas coxas firmes, me deixam louco. Sua respiração fica ofegante... Sinto o meu corpo tremer e passo a delirar de prazer!

Bummmm...

Olho para o alto e vejo as janelas sendo fechadas uma a uma. Achei esquisito, mas, na empolgação, continuei a leitura:

– Minha deusa do amor. Amor selvagem! Irresistível! Com gostinho de quero mais. Venha querida, dá uma fugidinha, vem matar a saudade do seu Joãozinho.

Um burburinho chamou minha atenção. Um grupo de pessoas parecidas com freiras, acompanhadas de dois homens, desciam as escadas vindo em nossa direção.

Um dos homens, já próximo, exclamou:

– Sua doidivanas! Como ousa vir aqui difamar uma religiosa?

– Religiosa, não. Estamos fazendo uma homenagem para a Terezinha.

– Onde você acha que está? – perguntou ele.

Olhei ao redor. Desta vez prestei mais atenção. Então, o que entendi fez os butiás quase caírem do bolso, como dizem os gaúchos. Um convento. Por mais louco que pudesse soar, naquele local existia uma Terezinha e, também, um João. Ela freira, ele padre.

Quando me dei conta, alguém arrancou o microfone da minha mão.

– Fora daqui! – gritou uma freira magrinha com verruga no queixo.

– Gente, por favor... – tentei argumentar.

– Por favor, coisa nenhuma – disse outra freira, grandalhona, de peitos grandes, vindo em minha direção e parando a alguns milímetros de mim.

– Saiam imediatamente.

Nesse momento, Logan interveio:

– Gente, deve ter ocorrido um engano. Mas, pela informação que nos passaram, estamos no endereço certo.

– Tem alguma coisa errada, sim. São vocês! – falou o padre que antes quase me agredira.

– Não é nossa culpa. Confirmamos o endereço em um comércio – explicou Logan.

– Aqui não deve ser o local da homenagem de vocês. Agora, por favor, retirem-se. Já fizeram estrago suficiente por um dia.

Neste momento, eu já tinha terminado a Ave Maria, pedindo mais coragem.

– Pessoal, pedimos mil desculpas! Sabemos que a situação foi desagradável. Admitimos nosso erro e temos a esperança de que vocês não fiquem insensíveis a um pedido verdadeiro de desculpas. Principalmente porque vocês estimulam o perdão em nome do senhor.

– Estão perdoados – disse o padre. – Por favor, saiam logo daqui.

"Fazer o quê?", pensei, enquanto batíamos em retirada. Assim que alcançamos a rua, vimos várias pessoas observando a cena.

Voltamos ao armazém para tentar descobrir se o bolicheiro era o autor de um ato tão maldoso. Encontramos as portas do comércio fechadas. Resolvemos esperar. Após o que pareceram horas, ouvi pela segunda vez o *toc toc* . Levantei o rosto e lá estava a senhorinha do autógrafo perto de mim.

– Que bom que encontrei você de novo – ela disse. – Falei para minhas amigas que tinha cruzado com você e elas riram. Disseram que todo o circo já tinha ido embora. Afirmei que não, insisti que tinha encontrado com a engolidora de cobras no centro da cidade e que tinha ganhado até um autógrafo.

Meu senhor! Depois de tudo que havíamos passado, só faltava eu ter de engolir cobras.

– Senhora...

Ela não me deixou continuar. Estava ansiosa.

– Você pode ir comigo até a casa delas? – perguntou.

Então, Logan disse:

– Senhora, *nos* perdoe, mas estamos atrasados. Temos de pegar a estrada. Desculpa, mas não dá.

– Que peninha – ela resmungou.

– Então, filho. Quem sabe esperamos no carro mais um pouco?

– Mãe, não adianta ficar aqui e perder tempo sem saber o que aconteceu. Vamos embora.

– Está certo – concordei, resignada. – Vamos embora.

No caminho para casa, fiquei a matutar que um trote como esse causava sofrimentos sem necessidade.

MENSAGEM DE SACANAGEM

Quando os clientes desejavam uma mensagem diferente, mais pessoal ou personalizada, montávamos o texto conforme informações sobre a pessoa homenageada. Era comum recebermos pedidos de mensagens chamadas "telemico".

Certa vez, quatro funcionárias de uma loja desejavam homenagear uma colega de trabalho. Queriam parabenizá-la e, ao mesmo tempo, dar um toque sobre certas atitudes da moça que as incomodavam.

– O que vocês desejam dizer exatamente a ela? – perguntei.

– Queremos dizer à nossa colega que nos preocupa a mania que ela tem de namorar coroas. Homens bem mais velhos que ela.
– Isso incomoda vocês?

– Incomoda porque ela está sempre se iludindo.

– Como assim?

– Ela sempre se apaixona por coroas casados. E como sabemos, nunca dá em nada.

– E isso incomoda vocês?

– O problema é que eles mentem, dizendo que vão deixar as esposas. Sempre a mesma mentira, mas a boboca acredita.

– Vocês pretendem se intrometer nos namoros dela?

– Não. Mas ela nunca namorou um homem solteiro. Parece uma sina. A gente acha que ela tem um ímã invisível que atrai somente os casados.

– *Tá* bom. O que mais que ela faz que deixe vocês putos?

– Ela usa nossos cremes, xampu e condicionador. Ela é muito abusada.

– Explica melhor – pedi.

– Ela não compra nada. Apossa-se de tudo, maquiagem, roupas, o que puder usar.

– O.k., entendi.

– Pode acreditar. Ela é danadinha mesmo.

– Se eu escrever tudo isso, ela não vai ficar chateada com vocês?

– Não, tia. Fica tranquila. Ela é muito brincalhona. Vai achar graça – explicou a moça de cabelos verdes estilo punk que estava com o grupo.

– *Tá* certo. Montarei alguma coisa bem bacana. Passem aqui mais tarde para ver se é o que vocês desejam.

A mensagem que criei ficou bem divertida, agradou aos colegas.

"Pois é, Pretinha!

Devíamos mesmo é chamar você de Darlene.

Você é a própria Darlene da TV. Alegre, descontraída, brincalhona, barulhenta e chocante. Mas é também uma guria muito folgada. Sempre usa nossos cremes de rosto, maquiagem e bijuterias. Nem sempre conseguimos usar nossas roupas mais bacanas antes de você. O mais interessante é que as suas coisas você não empresta de jeito nenhum. Isso não está certo.

Você adora ir a bailões e, neles, sempre beija muito. Com sua beleza e irreverência, arrasa o coração dos pobres cinquentões. Isso nos deixa preocupadas. Vai que o coração de um pobre coroa, incauto, se espatife pela Avenida Esparta e se quebre em pedacinhos. O que você fará se isso acontecer? Tem outra coisa, quando solta a voz nos videoquês, encanta uma clientela seleta e especial. A dos pobres velhinhos da ala geriátrica. Essa é a sua preferência, não, querida? Ao soltar a voz, imagina-se a própria Whitney Huston, cantando para um guarda-costas que não é o Kevin Costner.

Cara coleguinha, brincadeiras à parte. Não poderíamos deixar passar em branco esta data tão importante. Então, queremos dizer que no calendário da vida, há datas e pessoas que enchem nossos corações de alegria e felicidade. Você é uma delas. Parabéns, amiga! Feliz Aniversário! É com alegria que nós, seus colegas, homenageamos você nesta data tão especial."

Conforme o combinado, na data e hora, estacionamos na entrada da residência, onde rolava uma festa muito divertida.

A homenageada, uma moça alegre, levou na esportiva o conteúdo da mensagem. Agradeceu entre risos, com um copo de cerveja nas mãos. Ao me abraçar, solicitou o uso do microfone:

> – Queridos colegas! Estou honrada com a homenagem e, mais ainda, com a preocupação de vocês com minha vida amorosa. Juro que, de hoje em diante, procurarei namorar homens mais jovens e solteiros para tranquilizar o coração de vocês.

Encerrada a homenagem e aliviada pela forma tranquila como transcorreu, veio à minha mente que quando temos um carinho especial por um amigo, certamente não desejamos que a pessoa se machuque. Entendi o intuito da mensagem da Pretinha. Pareceu-me uma preocupação genuína.

DECISÃO ARRISCADA

O que é o certo? E o que é o errado?

Sempre eduquei meus filhos da mesma forma que fui criada. Dizia a eles que, se um dia eles enfrentassem uma situação difícil, jamais deveriam reagir. Como se diz: "Vão-se os anéis, mas o importante é que ficam os dedos".

Hoje sei que as coisas não funcionam assim. Cada pessoa é uma pessoa. Age e reage conforme a situação e o intuito do momento. Com a história que relatarei agora, aprendi uma lição valiosa. Tenho de ser mais tolerante e menos exigente com meus filhos, com as pessoas em geral e com a vida.

Não é fácil mudar um comportamento mental arraigado durante anos e anos. Mas com perseverança e força de vontade tenho certeza de que conseguirei.

Pow! Pow! Pow!

Os tiros zuniram ao nosso redor, enquanto o carro ganhava as ruas de Balneário Pinhal.

– *Se segura!* – eu gritei para Logan, pendurado com a metade do corpo para fora do carro. Na velocidade em que eu estava, ele parecia um boneco de plástico duro, sem poder se mexer.

– Mãeeeeee!

– Segura firme, não larga a porta.

– Foge, mãe, foge!

– Meu Deus! Ajuda-me! Não me abandona agora.

Dirigindo feito uma louca, noite adentro, pelas ruas de calçamento irregular, eu tentava escapar daquela inesperada situação.

Tudo tinha ocorrido dentro da normalidade na última mensagem para um idoso de 70 anos. A não ser por um barulho de uma moto que me distraía sobremaneira.

Somente depois do acontecido, lembrei que durante os vinte minutos em que durou a apresentação, a moto tinha passado na rua diversas vezes, chamando minha atenção pelo barulho. Naquela região, não havia trânsito de veículos, nem de pedestres, por causa do horário e da época do ano, outono.

Quando findamos nosso trabalho, saímos lentamente com nosso carro. Eu era a motorista da vez. Logan desceria na metade do caminho. Tinha marcado de se encontrar com amigos na praia do Magistério. Ao dobrar a esquina, Logan e eu avistamos um carro preto, atravessado no meio da pista, a uns duzentos metros de nós.

– Mãe, cuidado!

– O quê?

– O que é aquilo ali? – indagou Logan, apontando para o carro.

– Não sei. Respondi.

A princípio, não achei que corrêssemos perigo, mas algo me fez olhar pelo retrovisor. Vi o farol de uma moto se aproximando. Meus sentidos ficaram em alerta. Arrepiei-me toda.

– Raios, o que é isso? – berrei, dando uma guinada para a esquerda.

– O que você vai fazer? – gritou Logan, já demonstrando nervosismo

– Aguenta firme – falei, enquanto virava a direção novamente para a direita.

– Mãe, você está doida, vai invadir a praça?

– É o único jeito de escapar.

– Olha as árvores, mãe. Vai bater!

– Deixa comigo – disse com uma coragem que não sentia, enquanto raspava a lateral do carro em uma árvore enorme. Do outro lado desviava de um banco de concreto. Tentava desviar ao máximo dos obstáculos, enquanto meu Uno balançava de um lado para outro, batendo em galhos e lixeiras.

"Meu Deus! Será que esse é o ultimo dia de minha vida?", pensei.

– A moto continua vindo! – gritou Logan.

Confirmei ao olhar no retrovisor. Um segundo depois, a moto emparelhou do meu lado esquerdo.

– Eles vão nos assaltar! – gritei.

De repente, um estouro. Era o barulho de um tijolo lançado pelo carona da moto. Atingiu o teto do nosso carro no exato momento em que eu virava para a direita, saindo da praça para entrar novamente na rua. A moto seguiu para outro lado e sumiu na escuridão.

Olhei mais uma vez pelo retrovisor. Avistei o carro preto, contornando a praça. Continuei a guiar, sem saber ao certo o que fazer. Virei num beco à minha direita. Olhei para trás. Não vi os faróis que nos perseguiam.

"Os bandidos desistiram", pensei

Dobrei outra esquina. Enxerguei um poste com iluminação. Parei abruptamente, gritando para o Logan.

– Desce. Pega o giroflex e o coração.

– *Tô* com medo mãe.

– Vai rápido, então! – insisti.

Assim que Logan desceu em direção à parte traseira do carro, olhei outra vez no retrovisor. Meu sangue gelou. Os faróis do carro preto vinham ao nosso encontro.

– Volta, Logan – gritei.

– Já vou, mãe.

– Deixa esta droga aí e vem logo.

– Calma!

– Eles estão voltando.

Para meu desespero, parecia que o meu filho retornava em câmera lenta. Quando Logan chegou perto da porta do carona, a moto apareceu ao meu lado, do nada. O carona da moto tinha na mão direita uma arma. Apontou para mim, ao mesmo tempo gritava sem parar. Virei o rosto em direção ao Logan.

– Se segura – gritei.

Então, tive a reação que jamais imaginaria ter. De forma instintiva, acelerei.

– Paaaaaaaaaaara! Você vai me matar.

Matar meu filho! A frase ecoou forte em minha mente. Neste meio tempo, tirei o pé do acelerador e freei de soco. Logan jogou-se janela adentro, ficando da cintura para baixo fora do veículo. Os fios do giroflex estavam enrolados em suas mãos.

– Maluca! Você parou muito de soco.

– Temos de fugir, filho.

Escutei uma voz, gritando:

– Perdeu! Perdeu! Entrega o carro.

Juntei todas as minhas forças e num movimento brusco fiz um cavalo de pau em duas rodas, digno de ser filmado. Quando me alinhei, vi pelo retrovisor que os bandidos, ao tentar fazer o mesmo, tombaram da moto. Isto me deu alguns valiosos segundos de vantagem. Acelerei mais ainda. De longe, pelo retrovisor vi que o carro passou pela moto caída no calçamento. Não parou e vinha rápido em nosso encalço. O som de um disparo aterrorizou-nos. Mais dois tiros vieram em seguida, um deles estraçalhou o vidro traseiro.

– Mãe, entrega o carro – disse Logan. – Nossa vida vale mais que isso.

– Não entrego, não.

Pisei novamente, com tanta vontade, que nem mesmo meus perseguidores esperavam. Dobramos uma esquina, viramos noutra rua e, assim, como se estivéssemos num labirinto, continuamos a mudar de rua várias vezes. Até que conseguimos ludibriar os assaltantes.

Quando consegui entrar na Avenida Itália, já livre dos meliantes, Logan ligou para a Brigada Militar. Uma viatura de Balneário Magistério veio ao nosso encontro. Fizemos o registro do ocorrido.

Foi, então, que percebi o que tinha feito. Logo eu, que sempre aconselhei as pessoas a nunca reagirem em caso de assalto. Juro que vou rever meus próprios conceitos. Naquele momento, senti uma grande satisfação e sensação de liberdade. Olhei para o Logan e afirmei:

– Esta foi a minha última mensagem ao vivo.

Meu filho, quando assustado, arregala os olhos e abre um bocão, a cara fica igual à do Shrek. Vi que ele estava muito assustado. Demos graças a Deus quando chegamos em casa e começamos a contar aos familiares o que tínhamos passado.

Todos escutavam boquiabertos, alguns nos chamaram de loucos, outros acharam a fuga sensacional, mas a família foi unânime em concordar que esta era a gota d'água.

Uma semana depois, meu marido e eu fomos à delegacia averiguar se haviam prendido algum assaltante. O policial salientou que eu tivera sorte de as balas não terem atingido a mim ou a meu filho. Meu marido ponderou que devia ser por conta da estrutura de qualidade da caixa de som. A caixa cobria toda a traseira do veículo.

– A senhora é mesmo sortuda. Aconteceram três assaltos naquela região. Um deles deixou a vítima mal. Até o momento, não conseguimos identificar os meliantes – disse o policial.

ENCERRAMENTO DA ATIVIDADE DE MENSAGEIRA

O peculiar balneário de Quintão tem, sobre suas areias, a maioria das lágrimas que derramei até hoje. Algumas delas foram de frustração, revolta, tristeza e um pouco de desgosto. Outras, no entanto, foram de alegria, como no dia em que inauguramos nossa loja e também quando meus filhos nasceram. O que sei é que consegui superar muita coisa e concretizar também muitos sonhos. Após períodos de turbulências, consegui colher resultados positivos a partir do meu redirecionamento.

Não é por acaso que algumas pessoas se destacam mais do que outras, atuando nas mesmas atividades. Acredito que a maioria dos empreendedores que se destacam é porque realizaram um bom trabalho, sabendo aliar sensibilidade para entender os desejos dos clientes, com diferenciação e inovação.

Um serviço tem como finalidade principal atender as necessidades e os desejos das pessoas. Depois de cinco anos trabalhando com mensagens ao vivo, nossa *expertise* tinha se consolidado. Ainda que a concorrência tivesse aumentado, nossa cartela de clientes crescia em proporção bem maior. Os investimentos com propaganda não eram mais necessários. O boca a boca funcionava muito bem. Não pretendíamos parar de trabalhar com mensagens ao vivo, no entanto, a vida muda nosso rumo num piscar de olhos.

Com o serviço de telemensagens e com o carro de mensagem ao vivo, nos tornamos referência na região. Com as gafes, aprendemos a melhorar. Tenho orgulho de dizer que alcançamos uma trajetória de sucesso.

Algumas mensagens ficarão marcadas para sempre em nossa memória. Inúmeros foram os pedidos de reconciliação e de perdão atendidos. E, embora nem todas as mensagens tivessem um fim feliz, cada história nos marcou. São fragmentos da vida das pessoas com quem convivemos por algum tempo. Até hoje, me emociono ao relembrar da mensagem no velório.

Também enfrentamos diversos problemas e isso fez com que aprendêssemos a nos fortalecer. Por exemplo, um número expressivo de reclamações sobre a excessiva poluição sonora levou a uma ação civil na Promotoria Pública. Durante, aproximadamente, um ano com muitas reuniões, brigas, discussões e estresse, tentou-se chegar a um denominador comum ou a uma solução que contentasse a maioria.

Não foi fácil. Embora as reclamações não estivessem diretamente envolvidas com carros de mensagens ao vivo, a regra, quando acordada, seria aplicada a todo tipo de poluição sonora. Portanto, ficamos apreensivos porque a situação também nos afetava.

Meu sexto sentido dizia que o Ministério Público (MP) não deixaria a situação continuar da forma que estava. Eu acertei. Ministério Público, prefeitura, veranistas e moradores de Quintão que se sentiam prejudicados ou incomodados com a poluição sonora firmaram um acordo. O acordo (TAC), que vigora até os dias de hoje, estabelece que eventos com som têm autorização para trabalhar até 1 hora da manhã, de domingo a quinta. Nas sextas e sábados, o horário é estendido até às 2 horas.

A lei do som, para nós, teve o mesmo efeito que um meteoro caindo na Terra, porque grande parte da nossa demanda de mensagens ao vivo era solicitada em horários inusitados. Inúmeras homenagens tinham a intenção de acordar o aniversariante. Os vizinhos incomodados reclamavam na Brigada Militar.

A vida é cheia de altos e baixos, portanto, precisamos aprender a conviver com as diferentes situações que se apresentam diariamente, sejam elas boas ou ruins.

Em minha humilde opinião, a minha maior recompensa de trabalhar com um carro de mensagens, durante cinco anos, foi despertar todo tipo de sentimento bom nas pessoas. Ver o coração delas pulsar mais forte!

Sou uma mulher simples, esforçada, perseverante, tenaz e, por vezes, audaciosa. Mas, ao mesmo tempo, estou aprendendo com meus erros e, acima de tudo, surpreendendo-me com as lições. Antony Robbins afirma que:

"As decisões que você toma a cada momento de sua vida controlam seu destino".

"Acredito que somos o resultado do que por livre-arbítrio optamos. Podemos escolher diversas maneiras de viver, pensar e agir, com a intenção de obter felicidade e sucesso. O importante é deixar de lado os pensamentos negativos e pessimistas. Eu, optei por pensar e viver de forma positiva. E você?"

Extras

“Aqui você encontra o que precisa saber para não passar pelo que passei”.

“O único homem que nunca comete erros é aquele que nunca faz coisa alguma. Não tenha medo de errar, pois você aprenderá a não cometer o mesmo erro duas vezes.”

- Roosevelt

A PRIMEIRA COISA É... GOSTAR DO QUE IRÁ FAZER

Quando presto consultoria aos futuros empreendedores do SEBRAE/RS, a primeira pergunta que normalmente faço é:

– Você realmente gosta do que irá fazer?

É importante, além de gostar do que se vai fazer, pensar nas questões que relacionei abaixo:

- **Empreenda no que conhece e gosta.**
- **Avalie a viabilidade financeira: oportunidade x localização x mercado consumidor.**
- **Se for entrar em uma sociedade: cuidado ao escolher o sócio e fazer a divisão de responsabilidades. Tudo deve estar claro e formalizado em documento.**
- **Avalie: o que diferencia seu negócio da concorrência?**
- **Entenda o cenário: informe-se sobre o que acontece no setor em que deseja empreender.**
- **Mantenha o foco: uma das coisas que atrasam o sucesso é a falta de foco.**
- **Controle gastos: avalie bem as despesas e os custos fixos e variáveis.**
- **Previna-se para gastos adicionais: é comum surgirem gastos imprevistos.**
- **Dê atenção especial ao espaço de trabalho: *layout* interno e externo.**
- **Contrate colaboradores que conheçam o negócio: tanto ou mais que você.**
- **Cuide do investimento: observe a necessidade de capital de giro.**

- **Contrate contabilista competente.**
- **Obtenha lucro: é a única forma de garantir o retorno dos investimentos.**

"Um homem é um sucesso se ele acorda de manhã e vai para a cama à noite, mas entre as duas coisas faz o que mais gosta de fazer".

- Bob Dylan

A SEGUNDA AÇÃO É...
MONTAR UM PLANO DE NEGÓCIOS

Uma boa ideia é essencial para o sucesso de um negócio, mas não basta. É preciso montar um bom plano de negócios para transformar a boa ideia em uma oportunidade de um bom negócio. Incorporado ao plano de negócios é necessário dedicação e habilidade para que o empreendimento se transforme em um sucesso.

O plano que irá fazer, sozinho, não fará as coisas funcionarem. Somente com uma boa gestão o plano se transformará em realidade. Para isso, é essencial preparar uma equipe dedicada e capacitada.

- Qual será meu negócio?
- Onde quero chegar?
- O que venderei?
- Para quem venderei?
- Que estratégias eu utilizarei?
- Como conquistarei o mercado?
- Quem são meus concorrentes?
- Quais são os fatores críticos de sucesso do meu negócio?
- Quanto gastarei?
- Quando e que retorno terei sobre meu investimento

Planejamento

Consiste na concepção e análise de cenários futuros, seguido do estabelecimento de caminhos e objetivos, culminando com a definição de ações que possibilitem alcançar os objetivos e as metas para o empreendimento.

Responsabilidade

A grande responsabilidade do empreendedor é justamente pensar em tudo para evitar qualquer insucesso nos negócios.

Inovação

É a capacidade de criar novos produtos/serviços. Seja por novas formas de apresentação, seja utilizando um produto ou serviço já existente. Também pode ser a maneira de fabricar algo ou de prestar um serviço que represente ganhos de alguma espécie.

Encontrar o ponto de equilibrio

Representa o nível de vendas no qual a receita iguala a soma dos custos fixos mais os custos variáveis. Ou seja, ainda não teremos lucro.

Observe os resultados

O sucesso do negócio depende da capacidade do empresário administrar os recursos financeiros de modo a garantir o capital de giro mesmo diante de situações adversas entre a saída e a entrada de capital. O resultado é visível: negócios bem administrados financeiramente geram maiores lucros. Isto, no entanto, demanda envolvimento e dedicação por parte do empreendedor.

PERFIL DO EMPREENDEDOR

A maior responsabilidade do empreendedor é pensar em tudo para evitar qualquer falha ou insucesso em seu negócio.

O perfil básico do empreendedor é ser persistente e trabalhador. A ferramenta principal não é exclusivamente o trabalho árduo, mas o trabalho árduo aliado às responsabilidades e ao conhecimento. ***Conhecimento*** é a capacidade, adquirida por alguém, de interpretar, operar e potencializar aprendizados.

O empreendedor é curioso por natureza e está sempre atento para melhorar produtos e serviços. Os melhores gestores do futuro serão as pessoas que identificarão nas informações o caminho para o sucesso.

POR QUE É IMPORTANTE RODAR O PDCA?

PDCA (**Planejar-Executar-Verificar-Ajustar** do inglês: *PLAN - DO - CHECK - ACT*) é um método iterativo de gestão de quatro passos, utilizado para o controle e melhoria contínua de processos e produtos. É também conhecido como o **círculo/ciclo/roda de Deming**, **ciclo de Shewhart**, **círculo/ciclo de controle**, ou **PDSA (plan-do-study-act).**

O PDCA deve ser aplicado para obter melhores resultados dentro de um sistema de gestão. Pode ser utilizado em qualquer tamanho de empresa. Essa ferramenta é a forma mais eficiente de garantir o sucesso em qualquer negócio, independente da área de atuação.

O ciclo começa pelo planejamento. Depois, vem a ação ou o conjunto de ações planejadas que serão executadas. Por último, checa-se se o que foi feito estava de acordo com o planejado. Se necessário, repete-se o processo constante e ciclicamente.

Por fim, eliminam-se os erros no produto/serviço ou na execução do mesmo.

Os passos são os seguintes:

- **Planeje**: Significa estabelecer uma meta ou identificar o problema, analisar todo processo e elaborar um plano de ação.
- **Execute**: Quer dizer realizar/executar as atividades conforme o plano de ação.
- **Verifique**: É importante monitorar e avaliar periodicamente os processos e resultados, confrontando-os com o planejado.
- **Aja**: Agir de acordo com o avaliado por meio de relatórios. Determinar e confeccionar, eventualmente, novos planos de ação, de forma a melhorar a qualidade, eficiência e eficácia, aprimorando a execução e corrigindo eventuais falhas.

MEU INVESTIMENTO

Para iniciar meu negócio, fiz um minucioso levantamento de necessidades financeiras

O quê?	Custo em reais
Carro – UNO Mille/96/97 – R$ 8.000,00 à vista.	R$ 14.800,00 Parcelado
Equipamento de som instalado – R$ 5.000,00 à vista.	R$ 8.300,00 Parcelado
Insufilme nos vidros.	R$ 180,00
Microfone potente com cinco metros de cabo.	R$ 680,00
Adesivagem externa.	R$ 380,00
Bateria Maxiboom.	R$ 460,00
Iluminação (luz neon e giroflex).	R$ 540,00
Material de propaganda (panfletos, cartazes e imãs de geladeira).	R$ 320,00
Material de apoio (molduras, CDs, folhas, balões, quadro).	R$ 300,00
Uniformes.	R$ 220,00
Documentos .	R$ 340,00
Investimento total	**R$ 26.520,00**

O investimento inicial total foi de R$ 26. 520,00. Como entrada, dei R$ 4.000,00. O restante foi dividido com cheques pré-datados.

O restante, para montar o tão sonhado negócio, planejei desembolsar conforme a entrada de receita. Eu precisava também determinar a projeção de custos, de receita e do quanto era preciso de capital de giro. Com todos estes dados em mãos, é possível calcular em quanto tempo o valor do investimento será recuperado.

Custos fixos		Custos variáveis	
Parcela do carro	R$ 890,00	Gasolina	R$ 250,00
Parcela do som	R$ 500,00	INSQN 3% (Imposto de Serviços de Qualquer Natureza)	R$ 75,00
Material de apoio	R$ 200,00	Melhorias	R$ 200,00
Logan	R$ 200,00		
Total	R$ 1.790,00	Total	R$ 525,00

Cobrando o valor de R$ 40,00 por 20 minutos de mensagem, teríamos de fazer sessenta mensagens por mês para cobrir as prestações e as despesas fixas e variáveis. Isto significa que seriam quinze mensagens por semana, no mínimo. Ou uma média de três mensagens por dia.

Como não tinha experiência no assunto, perguntei-me se cumpriria a meta. Será que isso é possível? Pensei que em minha região seria complicado. Mas, independente do cenário pessimista que visualizei, no fundo eu sentia que seria um bom negócio.

– Seja corajosa, mulher! – uma voz que eu não reconhecia sussurrava. – Vá à luta. Faça acontecer.

É isso mesmo. Nunca permiti que dificuldades me desmotivassem.

MUDANÇA DE ESTRATÉGIA OU REPOSICIONAMENTO

Cada empresa planeja ações estratégicas conforme sua visão de futuro. No entanto, depois de executadas as estratégias, verifica-se se são necessárias adaptações ou mudanças. Algumas empresas têm mais dificuldade em mudar. Mudança e inovação estão intimamente relacionadas com os objetivos a serem atingidos. A mudança trata de novos posicionamentos da organização. Novos desafios e responsabilidades tanto para os gestores, como para colaboradores. São necessários novos processos de tomada de decisão.

Do mesmo modo, novas competências críticas devem ser desenvolvidas. As empresas de sucesso, sejam elas pequenas, médias ou grandes, estão sempre em busca de estratégias inovadoras que as conduzam a uma posição de destaque. Esse fator tende a garantir a competividade e a manter, acima de tudo, a tão almejada sustentabilidade.

No episódio dos fogos de artifício, fica evidente meu diferencial. Para alguns de nossos clientes era importante trabalhar com pirotecnia. Entretanto, os riscos eram grandes.

Quando os acidentes aconteceram, resolvemos eliminar os fogos. A mudança foi necessária. Então, adaptamos lâmpadas halógenas na cor verde embaixo do carro. Luz embaixo e neon em torno deixou o carro ofuscante. Ficou lindo. A iluminação diferenciada era um argumento forte para explicar a falta dos fogos. Competia ao cliente, com base no conhecimento de causa, aceitar ou não os nossos argumentos.

MONTAGEM, ORGANIZAÇÃO E EFETIVAÇÃO DO MEU NEGÓCIO

"Não deixe o que é urgente tomar o lugar daquilo que é mais importante em sua vida..."

Planejamento: minha primeira meta foi elaborar um plano de negócios. Coloquei minhas ideias no papel e criei um esboço dos meus objetivos. Em seguida, preparei um plano detalhado. É como desenhar no papel um esqueleto de um corpo humano com todos os membros interligados. No esboço, identificamos a importância de cada órgão. Desta forma, conseguimos descobrir nossas reais necessidades para a execução do nosso projeto.

Definição do nome: Mensagens ao vivo.

Área de Atuação: litoral norte do estado do Rio Grande do Sul. Aproximadamente vinte e quatro municípios.

Tempo de duração das mensagens: em média 20 minutos. Diferente do concorrente, que utilizava três músicas, a nossa proposta era composta de cinco músicas:

- A da chegada, bem alegre;
- O fundo musical durante a leitura do texto;
- A música de parabéns;
- Duas músicas à escolha do cliente para finalizar.

Uniforme: planejei um *look* diferente. Saia e colete na cor verde-musgo brilhante, combinando com a cor do carro. Sandálias ou sapato preto. Pulseira e gargantilha do mesmo tecido da roupa. Notas musicais na cor amarela coladas em relevo no uniforme.

Diferencial: quadro com a mensagem impressa. Um cacho de doze balões entregue ao homenageado no fim da mensagem.

Microfone: meu concorrente lia as mensagens sentado dentro do carro. Nós adaptamos cinco metros de cabo ao microfone. Então, eu saía do carro e fazia uma apresentação diferenciada.

Prancheta (planilha): com uma das mãos ocupadas com o microfone, eu precisava segurar com a outra uma prancheta com a cópia da mensagem.

Lâmpada: para facilitar a leitura à noite, meu marido adaptou uma minilâmpada na prancheta.

Balões: nos primeiros dois meses os balões eram inflados com a boca. Com o expressivo aumento da demanda, investimos em um aparelho que aliviou nosso trabalho.

Concordo com a Teoria Geral da Administração. Será um bom administrador a pessoa que souber planejar e organizar racionalmente todo o ciclo de atividades de seu negócio.

ENTREGA DE SERVIÇO

Os serviços constituem um dos elementos principais de crescimento da economia mundial. Eles influenciam as mudanças nos procedimentos dos negócios.

Não é possível armazenar um serviço, porque ele é consumido tão logo produzido, portanto, ele é intangível. Dessa forma, o seu resultado é de difícil mensuração.

Na área de serviços, atingir 100% o desejo dos clientes ou resolver seus problemas é a chave de ouro do negócio. É necessário superar a expectativa, e não decepcioná-los. Nos dias atuais, todo o cuidado é pouco para evitar que o cliente migre para a concorrência.

Diferença entre serviços e bens físicos

Bem físico	Serviço
Tangível	Intangível
Homogêneo	Heterogêneo
Produção e distribuição separada do consumo	Produção, distribuição e consumo são processos simultâneos
Uma coisa (objeto)	Uma atividade ou um processo
Valor principal produzido em fábricas	Valor principal produzido nas interações entre comprador e vendedor
Clientes não participam do processo de produção	Clientes participam da produção
Pode ser mantido em estoque	Não pode ser mantido em estoque
Transferência de propriedade	Não transfere propriedade

Fonte: adaptado de Grönroos

A ARTE DE CONVENCER

Não é uma tarefa das mais fáceis convencer uma pessoa. Fazer com que ela ceda à nossa vontade é algo que poucos sabem fazer. Quem dera eu soubesse fazer isso com maestria! Muitas situações que enfrento cotidianamente seriam resolvidas de forma mais fácil. Mas como era essencial convencer meu esposo, busquei com o pesquisador americano Dale Carnegie doze dicas que usei com ele.

1. A única maneira de ganhar uma discussão é evitando sentimentos negativos.
2. Respeite a opinião dos outros. Nunca diga: "Você está enganado".
3. Se estiver errado, reconheça seu erro e enfaticamente.
4. Comece o diálogo de maneira amigável.
5. Consiga que a outra pessoa diga "sim, sim" o mais rápido possível.
6. Deixe a outra pessoa falar durante boa parte da conversa.
7. Deixe que a outra pessoa sinta que a ideia partiu dela.
8. Procure honestamente ver as coisas do ponto de vista da outra pessoa.
9. Seja receptivo às idcias c desejos da outra pessoa.
10. Apele para os mais nobres motivos.
11. Dramatize as suas ideias (conte uma estória).
12. Lance um desafio.

CONQUISTANDO CLIENTES

O que eu entendi durante o trabalho com mensagens ao vivo é que o *marketing* é definido como a ciência e a arte de encontrar e manter clientes, desenvolvendo relacionamentos lucrativos com eles.

O objetivo principal do *marketing* é conhecer os clientes intimamente para melhor atendê-los e, por consequência, conservar sua fidelidade.

Ter um consumidor satisfeito é uma variável muito importante, conquistar a satisfação dele é estar no caminho de conseguir lealdade. Um consumidor satisfeito certamente retornará à empresa e fará um papel muito importante na divulgação dos serviços.

À medida que mais empresas dominam a arte de satisfazer e reter clientes, mais difícil se torna atrair novos clientes e convencê-los a trocar de fornecedor.

Hoje em dia, as empresas inteligentes não se veem mais como vendedoras de produtos ou serviços, mas como criadoras de clientes lucrativos. Não desejam apenas gerar uma carteira de clientes, mas serem donas desta carteira para sempre. Tornar o cliente fiel requer conduzi-lo através de diversos estágios. São eles: o experimentador, cliente eventual, cliente regular, defensor e finalmente o fã.

O marketing é um processo importantíssimo que aos poucos vai fazendo a empresa se adaptar às novas necessidades do consumidor. Os clientes, por sua vez, vão descobrindo a empresa e nesse processo vão se tornando fiéis. Lucram tanto a empresa quanto o cliente a curto, médio e longo prazo.

LIDANDO COM CONFLITOS

Não podemos mudar as pessoas, mas podemos mudar a maneira de entendê-las. Perder a calma é a coisa mais fácil do mundo, entretanto, a menos benéfica. Perdoar e compreender as razões do outro é o que nos traz resultado. Agindo com inteligência, nós nos tornamos assertivos.

Aprendi que não devemos reagir contra pessoas destemperadas, especialmente se as coisas atingirem um patamar incontrolável. Com delicadeza e elegância, para não agravar ainda mais a situação, é melhor nos afastarmos.

Normalmente, existe uma razão que nem sempre identificamos para que as pessoas se tornem "difíceis de lidar". É importante que tenhamos a grandeza de respeitar e, acima de tudo, compreender. Isso não significa compactuar com esse tipo de comportamento, mas evitar que a situação piore.

BIBLIOGRAFIA

Esta obra foi concebida com princípios e conceitos de grandes autores, entre eles, alguns citados abaixo. Desta forma, sugiro aos leitores que quiserem aprofundar seus conhecimentos, que leiam as referências abaixo:

BRAGA, Roberto. **Fundamentos e técnicas de administração financeira**. São Paulo: Atlas, 1989.

BRIGHAM, Eugene F.; HOUSTON, Joel F. **Fundamentos da moderna administração financeira**. Rio de Janeiro: Campus, 1999.

CARVALHO, André. **O jeito empreendedor de governar**. Belo Horizonte: Armazém das Ideias, 2006.

GITMAN, Lawrence J. **Princípios de administração financeira**. São Paulo: Harbra, 1997.

FILION, Louis Jacques. Empreendedores e proprietários de pequenos negócios. **Revista USP – Revista da Administração**, São Paulo, 1999.

MARCOVITCH, Jacques. Lições do pioneirismo no Brasil. **HSM Management**, V. 4, n. 57, p. 20-28. Jul/ago. 2006.

MARIANO, Sandra R. H.; MAYER, Verônica Feder. **Empreendedorismo e inovação: criatividade e atitude empreendedora.** Rio de Janeiro. Fundação – CECIERJ, 2008.

MARTINS, Robson. **Uma questão de atitude**. São Paulo: Gráfica Ideal, 2008.

MOSMANN, Gilberto. **Gestão é solução**. Porto Alegre: Nova Prova 2005.

OLIVEIRA, Djalma de P. R. de. **Sistemas de informações gerenciais: estratégias, táticas e operacionais**. 8 ed., São Paulo: Atlas, 2002

TIDD, Joe; BESSANT, John; KEITH, Pavitt. **Gestão da Inovação**. Porto Alegre: Bookman, 2005.

www.dvseditora.com.br